MARKUS JUNG & TIM REICHEL

How t[illegible]ium

Mit mehr Zeit, weniger Stress und besseren Noten
durch deine berufsbegleitende Weiterbildung

studienscheiss

Inhalt

„Eine Investition in Wissen bringt

noch immer die besten Zinsen."

Benjamin Franklin

Start

Irgendwie, irgendwo, irgendwann

Ungläubig schaust du auf dein Smartphone: 22:30 Uhr. Wieder geht ein Tag vorbei, an dem du nichts für dein Fernstudium gemacht hast. Dabei gäbe es genug zu tun: das neue Studienheft lesen, Vorlesungsvideos ansehen, Übungsaufgaben lösen, Karteikarten lernen, an der Hausarbeit schreiben und und und. Doch irgendwie sollte es heute nicht sein. In den nächsten Tagen findet sich bestimmt irgendwo etwas Zeit, in der du für deine nächste Prüfung lernen kannst. Vielleicht morgen oder übermorgen. Oder irgendwann.

Aber der Zeitpunkt wird kommen, an dem du dir ein weiteres „Das mache ich morgen" nicht mehr leisten kannst. Irgendwann ist es zu spät. Wenn du dich nicht regelmäßig um dein Fernstudium kümmerst, staut sich so viel Arbeit auf, dass du bald nicht mehr hinterherkommen wirst. Das, was eigentlich Spaß machen und dein Leben bereichern sollte, wird dann zur Qual. Die Freude, die dein Fernstudium zunächst in dir ausgelöst hat, verwandelt sich in Stress und Leistungsdruck – deine vielversprechende Weiterbildung mutiert zu einer erdrückenden Pflichtaufgabe.

Wie konnte es so weit kommen?

Nun, die meisten Menschen, die sich für ein Fernstudium oder eine berufsbegleitende Weiterbildung entscheiden, tun dies aus guten Gründen: Sie wollen etwas dazulernen und sie möchten ihre Karrierechancen verbessern. Ein Fernstudium ist dafür die perfekte Lösung, weil es sich unabhängig von Ort und Zeit neben dem Beruf absolvieren lässt. Das Problem ist nur: Bei der Integration des Fernstudiums in deinen Alltag bist du auf dich allein gestellt. Deine Hochschule liefert dir zwar die Inhalte – was du daraus machst, ist allerdings deine Sache. Vorlesungen, Studienskripte und Übungsmaterialen bekommst du gestellt. Doch wann sollst du das alles durcharbeiten, wenn du dich parallel um Beruf, Partnerschaft, Familie, Freundschaften, Hobbys und sonstige Verpflichtungen kümmern musst? Wie soll das gehen?

Die Wahrheit ist: Niemand wird dir das Händchen halten und dein Fernstudium so für dich planen, dass es möglichst gut in dein Leben passt. Kein Dozent wird dir erklären, wie du deinen Terminkalender strukturierst, damit genug Zeit zum Lernen übrig bleibt. Keine Professorin zeigt dir, wie du dich nach einem stressigen Arbeitstag noch zu einer Extra-Runde am Schreibtisch mit deinen Studienunterlagen motivieren kannst.

Wenn deine Weiterbildung zum Erfolg werden soll, musst du selbst aktiv werden. Du musst dein Fernstudium selbstständig organisieren und bewusst steuern. Es reicht nicht aus, einmal im Monat eine halbe Stunde zu lesen und kurz vor den Prüfungen ein paar Stichpunkte auswendig zu lernen. Du musst dein Fernstudium geschickt managen und es mit den anderen Bereichen aus deinem Leben in Einklang bringen. Nur dann behältst du den Überblick über all deine Herausforderungen, kannst deine Zeit sinnvoll einteilen und bleibst dauerhaft glücklich.

Kurz: Ein erfolgreiches Fernstudium gelingt nur mit der richtigen Organisation, einem klugen Zeitmanagement und nachhaltiger Motivation.

Dazu brauchst du eine individuelle Strategie, einen klugen Plan und die richtige Technik. Der Lohn dafür ist ein Fernstudium, das perfekt zu dir und deinen Lebensumständen passt. Bestandene Prüfungen, ausgezeichnete Noten und ein überdurchschnittlicher Abschluss sind dann nur noch Formsache. Und zwar ohne, dass du deine Gesundheit ruinieren, Lieblingsmenschen vernachlässigen oder auf Freizeit verzichten musst. All das kannst du haben, wenn du dein Projekt „Fernstudium“ professionell angehst. Ab sofort überlässt du nichts mehr dem Zufall, sondern nimmst dein Fernstudium selbst in die Hand.

Die Epoche der Irgendwies, Irgendwos und Irgendwanns ist vorbei. Das Zeitalter von Verbindlichkeit, Selbstbestimmung und Erfolg hat begonnen.

So geht Fernstudium

In diesem Buch erfährst du, wie du dein Fernstudium optimal in dein Leben integrierst, deine anspruchsvollen Studienziele erreichst und trotzdem nicht auf Ausgleich verzichten musst. Vor dir liegt nicht irgendein 08/15-Studienratgeber, in dem die immer gleichen „Lernhacks“ gebetsmühlenartig wiederholt werden. Um dein Fernstudium nachhaltig zu organisieren und an deine persönlichen Bedürfnisse anzupassen, helfen nämlich keine billigen Tricks. Erstens funktionieren die meisten davon ohnehin nicht und zweitens brauchst du eine langfristige Strategie, damit dir nicht nach ein paar Wochen die Puste ausgeht. Dieses Buch liefert dir die perfekte Anleitung dazu.

Es ist eine Sammlung der wirksamsten Techniken, um deine Zeit besser einzuteilen und deinen Alltag so zu strukturieren, dass du produktiv und konzentriert lernen kannst. Außerdem erfährst du, wie du schwierige Phasen überstehst, dich in jeder Lage selbst motivierst und dein Fernstudium bis zum Ende durchziehst. Insgesamt haben wir 28 Methoden für dich zusammengestellt, mit deren Hilfe du die Organisation deines Fernstudiums sofort verbessern kannst und gleichzeitig dauerhaft positive Effekte auf dein Leben erzielst. Es sind die bekanntesten und wirkungsvollsten Techniken, die es aktuell gibt. Einige davon zählen zu den Grundlagen des Selbst- und Projektmanagements; andere sind so modern, dass sie auf Ergebnisse der Verhaltensforschung zurückgreifen und dir damit einen methodischen Wissensvorsprung verschaffen.

Allerdings bekommst du von uns keine reine Theorie: Zu jeder Technik haben wir eine einfache Schritt-für-Schritt-Anleitung erarbeitet und diese mit konkreten Anwendungsbeispielen aus dem Fernstudienalltag ergänzt. Auf diese Weise gelingt die Umsetzung garantiert. Du kannst die einzelnen Strategien in kurzer Zeit nachlesen, den entsprechenden Anleitungen folgen – und fertig. Ohne viel Aufwand, Überwindung oder zeitintensive Nacharbeit. So geht Fernstudium!

Aber warum solltest du uns glauben? Weil wir wissen, wovon wir schreiben. Da wäre zum einen Markus Jung. Markus hat unter fernstudium-infos.de die größte deutschsprachige Community zum Thema Fernstudium aufgebaut. Er hat unzählige Fachartikel über das Studieren verfasst, arbeitet eng mit verschiedenen Hochschulen zusammen und berät Studierende bei Fragen oder Problemen. Und: Er hat selbst ein Studium und mehrere Weiterbildungen per Fernstudium absolviert, parallel zu seinem damaligen Beruf, der selbstständigen Arbeit und seiner Rolle als Familienvater. Markus kennt die Fernstudienlandschaft wie seine Westentasche und er ist der lebende Beweis dafür, dass ein Fernstudium auch in einem prall gefüllten Leben seinen Platz finden kann.

Der andere Experte, der hier für dich schreibt, ist Tim Reichel. Tim arbeitet seit zehn Jahren an einer großen deutschen Eliteuniversität als Studienberater. Zudem ist er Wissenschaftler, Autor und Unternehmer. Mit seinen Büchern und seiner Plattform studienscheiss.de hilft er Millionen von Studierenden dabei, glücklich und erfolgreich zu werden – und zu bleiben. In seinen Seminaren vermittelt er insbesondere die Themen Zeitmanagement und Selbstorganisation. Von klassischen Produktivitätstechniken bis hin zu modernen Anti-Stress-Methoden kennt er alle mentalen Werkzeuge, auf die es in der heutigen Zeit ankommt, um Spitzenleistungen zu erzielen.

Wir beide haben uns zusammengetan und gemeinsam ein Buch über das Fernstudium geschrieben: How to Fernstudium. Darin bündeln wir unser Wissen und geben dir einen modernen Praxisleitfaden an die Hand, der dich dabei unterstützt, deine Weiterbildung erfolgreich abzuschließen. Es spielt keine Rolle, ob du BWL, Ingenieurwesen, Psychologie, Soziale Arbeit, Informatik, Weinbau oder Rechtswissenschaften studierst. Egal, ob du schon länger eingeschrieben bist oder gerade erst mit deinem Fernstudium angefangen hast: Die Strategien und Techniken aus diesem Buch werden dir dabei helfen, besser, klüger und entspannter zu arbeiten als jemals zuvor – sowohl bei akuten Problemen (falls es gerade nicht läuft), als auch bei zukünftigen Herausforderungen, die über dein Fernstudium hinausgehen.

Wie dir dieses Buch helfen wird

Im Prinzip ist jeder Mensch dazu in der Lage, ein Fernstudium zu absolvieren. Studieren ist nämlich weniger eine Frage von Talent oder angeborener Intelligenz – Selbstorganisation, Fleiß und Durchhaltevermögen sind die entscheidenden Faktoren, auf die es ankommt. Zum Glück kannst du diese Schlüsselfähigkeiten lernen. Die Schwierigkeit ist nur: Je individueller dein Alltag aussieht, desto selbstständiger und eigenverantwortlicher musst du ihn organisieren. Und je mehr Freiheiten du an der einen Stelle haben möchtest, desto stärker musst du an anderer Stelle diszipliniert und konsequent sein. Falls dir dafür bisher die passenden Strategien oder Tools gefehlt haben, ist dieses Buch genau das Richtige für dich.

Zusammen bringen wir dein Fernstudium aufs nächste Level und passen deine täglichen Abläufe so an, dass du erfolgreich und entspannt neben deinen anderen Verpflichtungen studieren kannst. Mit Bestnoten, in Regelstudienzeit und voller Begeisterung für dein Studienfach. Du wirst lernen, wie du deine Zeit produktiver einsetzen, fokussiert bei der Sache bleiben und dadurch deine Studienleistung spürbar steigern kannst. Das Ziel ist dabei nicht, dass du dein komplettes Leben durchtaktest und jede freie Minute für dein Fernstudium opferst. Unser Ansatz ist ein anderer: besser planen, klüger handeln und die Zeit für dein Fernstudium effizient nutzen. Auf diese Weise gewinnst du vielleicht sogar zusätzliche Freizeit, die du für Erholung, Familie, Freunde, Hobbys oder deine persönliche Weiterentwicklung nutzen kannst.

Klingt gut, oder? Die Sache hat nur einen Haken: Du musst dafür arbeiten. Wenn du dieses Buch nur liest und anschließend gemütlich die Hände in den Schoß legst, wird nicht viel passieren. Gar nichts, um genau zu sein. Wir möchten nicht, dass du die Ratschläge liest, verständnisvoll nickst und dann so weitermachst wie bisher. Wir wünschen uns für dich, dass du dein Fernstudium anpackst und positiv veränderst. Die Tipps aus diesem Buch funktionieren nur dann, wenn du selbst aktiv wirst. Du musst handeln und das Gelesene in die Tat umsetzen. Genug Zeit zum Lernen, eine produktive

Arbeitsweise und eine gesunde Work-Life-Balance gibt es nämlich nicht zum Nulltarif – du musst etwas dafür tun. Den Weg dorthin haben wir dir allerdings so einfach wie möglich gemacht.

Dazu haben wir die Fernstudien-Tools thematisch geordnet und so strukturiert, dass sie zusammen ihre größte positive Wirkung für dich entfalten können. Diese sieben Kapitel erwarten dich:

- ✔ Dein Warum
- ✔ Dein Plan
- ✔ Dein Tag
- ✔ Dein Fokus
- ✔ Deine Produktivität
- ✔ Deine Starthilfe
- ✔ Deine Motivation

Die insgesamt 28 Methoden haben wir nach einem gleichbleibenden Muster aufgebaut, damit du noch schneller an dein Ziel kommst. Dazu ist jede Selbstmanagementtechnik auf vier Seiten komprimiert dargestellt und in diese Abschnitte gegliedert:

⚙ Anleitung
Aktionspläne und Schritt-für-Schritt-Erklärungen, wie du die entsprechende Technik sofort umsetzen kannst.

★ Beispiel
Passende Beispiele aus dem Alltag, die dir zeigen, wie das Beschriebene in der Praxis funktioniert.

✎ Aufgabe
Konkrete Aufgaben für dich, damit du die neuen Methoden direkt ausprobieren und anwenden kannst.

Am Ende des Buches haben wir im Kapitel „Trouble Shooting" zusätzliche Methoden und Erste-Hilfe-Empfehlungen für dich zusammengestellt, falls die Zeiten besonders stressig sind und nur wenig nach Plan läuft. Denn auch in solchen Phasen kannst du etwas für dein Fernstudium tun – wenn du weißt, wie. Abschließend gibt es noch Literaturverweise und Lesetipps, wenn du die Themen aus diesem Buch vertiefen möchtest.

Generell haben wir versucht, auf lange Umschreibungen und überladene Textpassagen zu verzichten. So etwas ist langweilig und bremst nur deinen Lesefluss. Stattdessen haben wir uns aufs Wesentliche konzentriert und die wichtigsten Aspekte kurz und knapp dargestellt. So kannst du direkt loslegen und dieses Buch optimal nutzen. Die Methoden sind zwar nach einer festen Logik geordnet – das heißt aber nicht, dass du sie zwingend in dieser Reihenfolge lesen, bearbeiten und umsetzen musst. Du hast die Wahl: Entweder gehst du das Buch chronologisch durch oder du entscheidest nach Bedarf, welche Methode du als Nächstes kennenlernen möchtest. Beide Wege sind gut und führen zum Ziel.

Zusätzlich haben wir interaktive Arbeitsblätter erstellt und darin einige Bonusinhalte für dich gesammelt, die dir die Arbeit mit diesem Buch erleichtern. Die Sammlung enthält Zusatzinformationen, unterstützendes Material und vieles mehr. Dieses Arbeitsbuch schenken wir dir. Auf der letzten Seite des Buches findest du einen Link, über den du an diese Inhalte kommst. Du gelangst dort auf Tims Website und kannst dich kostenlos für den entsprechenden Verteiler anmelden. Unsere Empfehlung: Hol dir die Bonusinhalte jetzt direkt, damit dir das Lesen und Bearbeiten dieses Buches so leicht wie möglich fällt. Damit sollte deinem Erfolg nichts mehr im Weg stehen.

Ja, ein Fernstudium ist eine große Herausforderung. Aber mit der richtigen Herangehensweise wirst du deine Weiterbildung meistern. In diesem Buch findest du alles, was du dazu brauchst. Mit uns an deiner Seite wirst du es schaffen.

Lass uns anfangen.

KAPITEL 1
Dein Warum

Einleitung

Ein Fernstudium ist kein Projekt, das du locker nebenbei erledigen kannst. Es ist eine kraft- und zeitintensive Aufgabe, die viel Platz in deinem Leben einnehmen wird. Phasenweise musst du dein Studium sogar auf Priorität Nummer 1 setzen, wenn du erfolgreich sein willst. Vielen Studierenden ist das jedoch nicht bewusst. Sie wissen zwar, dass sie etwas für ihren Abschluss tun müssen, aber die Dimensionen sind ihnen nicht klar. Ein paar Abende zu investieren, reicht nicht aus, um den gesamten Stoff zu verstehen; jeden zweiten Samstag zehn Seiten zu lesen ist einfach zu wenig, wenn du nicht in Lernrückstand geraten möchtest. Optimal wäre es, wenn du jeden Tag eine gewisse Zeit für deine Weiterbildung reservierst und dich währenddessen so intensiv wie möglich auf dein Fernstudium konzentrierst. Deine Lerneinheiten müssen einen festen, nicht verhandelbaren Platz in deinem Leben einnehmen. Doch genau daran scheitern die meisten.

Warum? Nicht, weil sie zu faul sind oder zu wenig Zeit freischaufeln können. Zugegeben: Das können auch passable Gründe sein, doch die wirkliche Ursache liegt tiefer vergraben – und zwar in ihnen selbst. Es ist ihr Warum. Ihre Ziele sind ihnen nicht klar. Der Grund, warum sie sich für ein Fernstudium entschieden haben, ist in ihrem Alltag nicht präsent genug. Und genau deswegen vernachlässigen sie ihr Studium, schieben ihre To-dos auf und setzen sich erst kurz vor der Abgabefrist oder dem Prüfungstermin an den Schreibtisch und lernen. Da ihnen die Motivation für kontinuierliches Studieren fehlt, greifen sie auf brutale Hauruck-Aktionen zurück, um am Ende doch noch alles zu schaffen. Nur kann das auf Dauer nicht gut gehen. Vielleicht besteht man so ein paar Prüfungen, aber die Inhalte bleiben nicht nachhaltig im Gedächtnis, das eigene Potenzial wird nie vollständig abgerufen und das Risiko, dass man am Ende durchfällt, ist viel zu groß.

Wenn du es wirklich ernst meinst mit deinem Fernstudium, musst du die Sache professionell und zielstrebig angehen. Und dazu solltest du dir als Erstes darüber im Klaren sein, warum du tust, was du tust. Sobald du ein glasklares „Warum“ vor Augen hast, wenn du an dein Fernstudium denkst, wird es dir viel leichter fallen, in Aktion zu treten. Du wirst deine Weiterbildung dann nicht mehr als Belastung wahrnehmen, sondern als Teil deines Lebens, für den es sich zu kämpfen lohnt. Die Grundlage dafür legen wir in diesem Kapitel.

Dazu wagen wir einen Blick in die Zukunft und entwickeln eine Vision für dein Fernstudium und dein weiteres Leben. Diese übergeordnete Idee wird eine ungeheure Motivation in dir entfachen und dir eine dauerhafte Orientierung geben. Anschließend entwerfen wir ein Global Picture und weisen deinem Studium einen festen Platz in deinem Leben zu. Danach werden wir konkret und definieren Ziele, die dir im Alltag Struktur geben. Eine klare Zielsetzung schärft zudem deinen Fokus und bündelt deine Energie. Also genau das, worauf es beim Studieren ankommt. Damit diese Ordnung bestehen bleibt, arbeiten wir mit mentalen Bildern – so kannst du stets auf ein motivierendes Mindset zurückgreifen.

In diesem Kapitel lernst du,

- ✔ warum du eine Vision für dein Fernstudium brauchst und wie du dieses übergeordnete Ziel bestimmen kannst.
- ✔ wie du dein persönliches Global Picture zeichnest und damit nie wieder den Überblick verlierst.
- ✔ wie du mithilfe der SMART-Formel klare und motivierende Ziele formulieren kannst.
- ✔ was mentale Bilder sind und wie sie dir beim Bewältigen deiner täglichen Herausforderungen helfen.

Vision

Eine Vision ist ein übergeordnetes Ziel für dein Fernstudium. Sie ist eine motivierende Vorstellung von deiner Zukunft und führt dich durch schwierige Zeiten. Indem sie dir zeigt, wo du langfristig hinmöchtest, überstrahlt sie sämtliche Hindernisse und Ablenkungen. Deine Vision muss nicht zwangsweise realistisch sein; sie sollte in erster Linie deine Wünsche und Träume widerspiegeln – ohne dabei völlig unerreichbar zu erscheinen. Zu abstrakt? Dann hilft dir bestimmt dieser bekannte Vergleich mit dem Leitstern in der Wüste von Goerke und Hinterhuber:

- ✔ „Eine Vision ist mit dem Polarstern vergleichbar. Die Karawane in der Wüste, deren Landschaftsbild sich in den Sandstürmen dauernd ändert, richtet ihre Reise am Sternenhimmel aus. Die Sterne sind nicht das Ziel der Reise; sie sind aber eine sichtbare Orientierung für den Weg in die Oase, egal aus welcher Richtung die Karawane diese anstrebt und mit welcher Reiseausstattung sie unterwegs ist."

Für dein Fernstudium brauchst du eine Vision, der du wie dem Polarstern folgen kannst. So stellst du sicher, dass du nicht die Orientierung verlierst, wenn du vom Weg abkommst oder dein Ziel nicht im Blick hast:

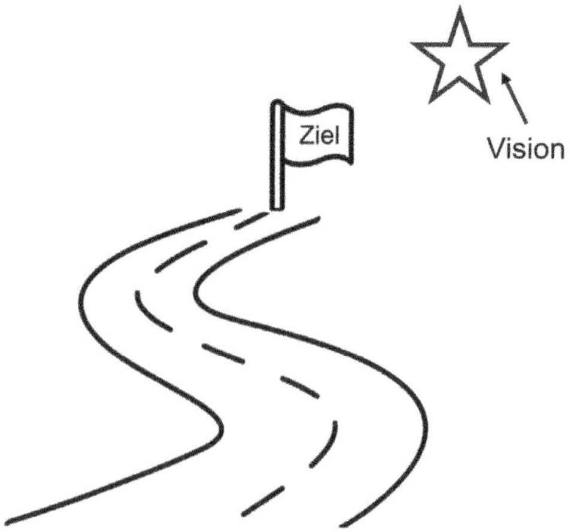

Betrachte dein Fernstudium als eine Art Reise. Am Ende erwartet dich dein Abschluss – aber um an diesen Punkt zu gelangen, musst du durchhalten, sämtliche Hindernisse überwinden und neue Wege beschreiten. Deine Vision kann dir dabei helfen, indem sie dir – wie ein Stern – den Weg weist. Dieser Stern ist nicht das tatsächliche Ziel; er zeigt jedoch die Richtung an, in die du dein Denken und Handeln lenken solltest. Die Vision klärt also dein „Warum“ – die übergeordnete Frage nach dem Sinn, warum du tust, was du tust.

Wenn du deine eigene Vision finden möchtest, solltest du dir Gedanken über deine Werte und Einstellungen machen – und daraus eine Lebensphilosophie ableiten. Das klingt kompliziert, ist aber ganz einfach: Im Grunde geht es darum, welchen Stellenwert dein Fernstudium in deinem Leben einnehmen soll und welche Verbesserungen du dir dadurch erhoffst. Daher ist es hilfreich, wenn du die Vorteile deines Fernstudiums und des angestrebten Bildungsabschlusses mit in deine Überlegungen einbeziehst. Folgende Fragen können dir dabei helfen:

- ✔ Warum habe ich mich für mein Fernstudium entschieden?
- ✔ Welche positiven Auswirkungen erhoffe ich mir durch diese Weiterbildungsmaßnahme?
- ✔ Wie wirkt sich mein Fernstudium auf meine Karriere und mein Privatleben aus?
- ✔ Welche Chancen können sich für mich ergeben?
- ✔ Auf welche Risiken muss ich mich gefasst machen?
- ✔ Wie wirkt sich das Fernstudium auf meine Lebensqualität aus?
- ✔ Wo stehe ich in 5, 10 oder 20 Jahren?
- ✔ Worauf möchte ich später stolz zurückblicken?

Nimm dir einen Moment Zeit und beantworte diese Leitfragen. Sei dabei ehrlich zu dir selbst und formuliere deine Antworten schriftlich, um ein genaues Bild deiner Vision zu zeichnen.

✿ Anleitung

Bei der Entwicklung einer eigenen Vision gibt es nicht den *einen* richtigen Weg. Wie du dich deiner persönlichen Leitidee näherst, ist auch nicht entscheidend – wichtig ist nur, dass du den Prozess anstößt und deinem Fernstudium einen Sinn gibst. Die Leitfragen auf der vorigen Seite geben dir dazu einen ersten Impuls.

Du kannst die Sache aber auch systematischer angehen und zunächst die Rahmenbedingungen festlegen, in denen deine Vision später ihren Platz findet. Mit den folgenden W-Fragen kannst du ein solches Leitbild für dein Fernstudium bestimmen:

- ✔ Wie möchte ich studieren?
- ✔ Wie soll mein Alltag aussehen?
- ✔ Wie findet mein Fernstudium Platz in meinem Leben?
- ✔ Was möchte ich während meines Fernstudiums erreichen?
- ✔ Welche Inhalte möchte ich unbedingt lernen?
- ✔ Was ist mir weniger wichtig?
- ✔ Wie viel Zeit kann ich für meine Weiterbildung aufbringen?
- ✔ Was erwarte ich von mir selbst und meinem Fernstudium?
- ✔ Wie kann ich diesen Anforderungen gerecht werden?
- ✔ Welche Opfer muss ich möglicherweise bringen?

Beantworte diese Fragen ebenfalls schriftlich und so ausführlich wie möglich. Lasse alle Antwortmöglichkeiten zu, auch wenn sich diese zunächst widersprechen oder unrealistisch erscheinen mögen. Noch mal, weil es so wichtig ist: Es geht bei diesem Prozess nicht darum, sofort eine perfekte Vision aufzuschreiben; du befindest dich in einer dynamischen Entwicklung und sammelst in diesem ersten Schritt lediglich Ideen.

Als Nächstes wirfst du einen Blick auf die Vorteile, die dein Fernstudium mit sich bringt. Dieser Zwischenschritt erleichtert es dir später, eine möglichst positive Vision zu formulieren, was deine Motivation und Zuversicht stärkt. Natürlich bringt eine berufliche Weiterbildung auch Verpflichtungen und Herausforderungen mit sich, doch darum kümmern wir uns später. Jetzt setzen wir uns erst mal die rosarote Brille auf:

- ✔ Welche Vorteile hat mein Fernstudium für mich?
- ✔ Wie verbessert sich mein Leben durch die Weiterbildung?
- ✔ Wie werde ich langfristig von meinem Fernstudium profitieren?
- ✔ Welche Karrierechancen ergeben sich durch mein Fernstudium?
- ✔ Welche positiven Auswirkungen hat die Weiterbildung auf mein Leben, meine Finanzen und meine Familie?

Nachdem du diese Fragen ebenfalls schriftlich beantwortet hast, widmest du dich deiner eigentlichen Vision. Ziehe dafür die ersten Leitfragen hinzu und finde eine motivierende Antwort auf die zentrale Frage: Warum studiere ich?

★ Beispiel

„Durch mein Fernstudium möchte ich mich selbst verwirklichen und über mich hinauswachsen. Das wird nicht immer leicht sein, aber ich nehme das gerne in Kauf, weil es eine Investition in mich selbst ist. Nach meiner Weiterbildung möchte ich mein Fachgebiet perfekt beherrschen und eine berufliche Perspektive finden, die mich glücklich und zufrieden macht. Ich bin fest davon überzeugt, dass mir mein Fernstudium dabei helfen wird – egal, wie es letztendlich ausgeht und wofür ich mich entscheide. Ich möchte selbstständig und unabhängig sein."

✎ Aufgabe

Bestimme eine Vision für dein Fernstudium und lege auf diese Weise ein übergeordnetes Ziel fest, an dem du dich orientieren und ausrichten kannst!

Global Picture

Wenn du dein Fernstudium ernst nehmen und möglichst erfolgreich gestalten möchtest, braucht es einen beständigen Platz in deinem Leben. Viele Menschen, die sich für solch eine Weiterbildung entscheiden, studieren die meiste Zeit nur „nebenbei". Sie gehen weiterhin einem Beruf nach, kümmern sich um ihre Familie, schmeißen den Haushalt – und vergessen dabei ihr Studium. Wenn sie zufällig ein paar Minuten Zeit übrighaben, setzen sie sich vor ihre Lernunterlagen oder lesen ein paar Seiten. Doch das reicht nicht, um produktiv und erfolgreich zu studieren. Dazu muss dein Fernstudium zu einem festen Bestandteil deines Lebens werden – und zwar neben all deinen anderen Verpflichtungen. Um dabei nicht die Übersicht zu verlieren, solltest du vorsorgen und eine persönliche Orientierungshilfe schaffen: dein Global Picture.

Ein Global Picture ist eine Übersicht deiner wichtigsten Lebensinhalte und zeigt dir auf einen Blick, welche Bereiche, Menschen und Aktivitäten für dich von Bedeutung sind. Außerdem visualisiert es die Abhängigkeiten und Verbindungen der einzelnen Bestandteile und bringt Struktur in deine Abläufe. Der Aufbau eines Global Picture ist an die Gestaltung einer Mindmap angelehnt:

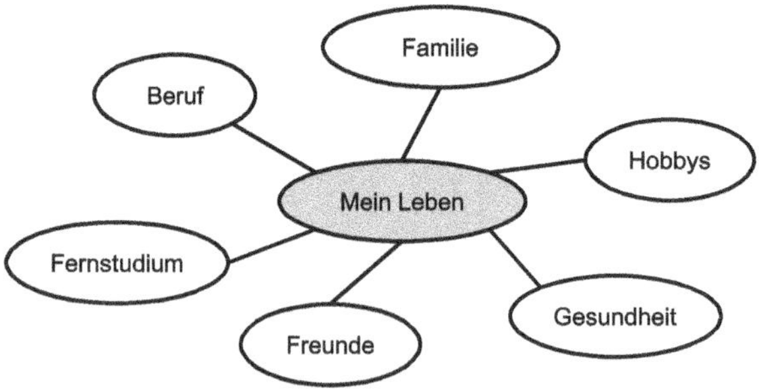

In dieser beispielhaften Darstellung wurden die Lebensbereiche „Familie", „Beruf", „Fernstudium", „Freunde", „Gesundheit" und „Hobbys" berücksichtigt.

Im nächsten Schritt ordnest du den Bereichen konkrete Kategorien, Aktivitäten und Aufgaben zu. Dem Bereich Familie könntest du Schlagworte wie „Ehemann“, „Kinder“ und „Eltern“ hinzufügen. Auf der nächsten Ebene führst du dann alle Einzelpersonen auf, die in deinem Global Picture eine Rolle spielen sollen. In dem Bereich Gesundheit könntest du Unterpunkte wie „Sport“ oder „Ernährung“ hinzufügen. Unter Beruf können verschiedene Projekte aufgenommen werden und so weiter. Sobald du alle Felder detailliert beschrieben hast, kannst du Verbindungen zwischen den einzelnen Bereichen einzeichnen, bis du sämtliche Verflechtungen abgebildet hast. Das könnte dann zum Beispiel so aussehen:

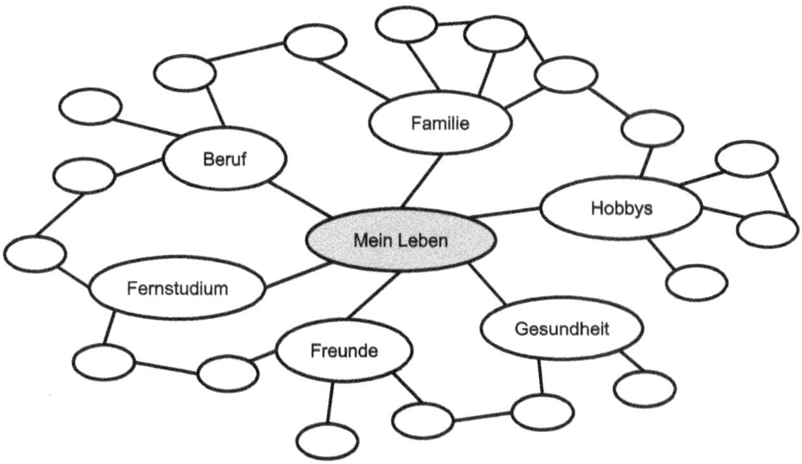

Mit deinem Global Picture kannst du alle Lebensbereiche darstellen, die aktuell wichtig für dich sind. Und: Du kannst dein Fernstudium in dieses Gesamtkunstwerk integrieren, sodass es seinen Platz neben all den anderen Verpflichtungen und Projekten findet. Indem du diesen Bereich bewusst in dein Leben holst, vermeidest du auf der einen Seite, dass dein Studium zur Nebensache wird; auf der anderen Seite stellst du sicher, dass du dich nicht in dein Fernstudium hineinsteigerst und andere Bereiche deines Lebens vernachlässigst. Auf diese Weise schaffst du die Grundlage für eine gesunde Work-Study-Life-Balance.

✿ Anleitung

Ein Global Picture ist ähnlich aufgebaut wie eine Mindmap: Ausgehend von einem Zentrum, auf welches sich das Global Picture bezieht, werden immer spezifischere Ebenen aufgeführt. Mithilfe der folgenden Schritte kannst du ein eigenes Global Picture erstellen:

Schritt 1: Wähle einen Bezugspunkt aus!

- ✔ Wozu möchtest du ein Global Picture erstellen?

Schritt 2: Bestimme die erste Ebene!

- ✔ Welche zentralen Bereiche sollen berücksichtigt werden?

Schritt 3: Bestimme die zweite Ebene!

- ✔ Welche Unterkategorien, Aufgaben oder Aktivitäten können den einzelnen Bereichen zugeordnet werden?

Schritt 4: Bestimme weitere Ebenen!

- ✔ Gibt es weitere Unterkategorien? An welchen Stellen solltest du noch mehr in die Tiefe gehen?

Schritt 5: Zeichne dein Global Picture!

- ✔ Wie kannst du die zentralen Bereiche mit den Unterkategorien darstellen? Gibt es Querverbindungen zwischen den Unterebenen?

★ Beispiel

Ein Global Picture kann für dein ganzes Leben, einen bestimmten Bereich (zum Beispiel für dein Fernstudium) oder ein einzelnes Projekt (zum Beispiel für eine bestimmte Prüfung) erstellt werden. Das Vorgehen ist dabei immer das gleiche: Bezugspunkt wählen, Unterebenen bestimmen und diese miteinander verbinden. Sehen wir uns dazu ein Anwendungsbeispiel mit deinem ganzen Leben als Bezugspunkt an.

Zentrale Bereiche:

- Beruf
- Fernstudium
- Beziehungen
- Hobbys

Unterkategorien:

- Beruf: Projekt 1, Projekt 2, Betriebsrat
- Fernstudium: Prüfungen, Studienarbeit, Netzwerk
- Beziehungen: Familie, Partner, Freunde, Kommilitonen
- Hobbys: Sport machen, Serien schauen, Bücher lesen

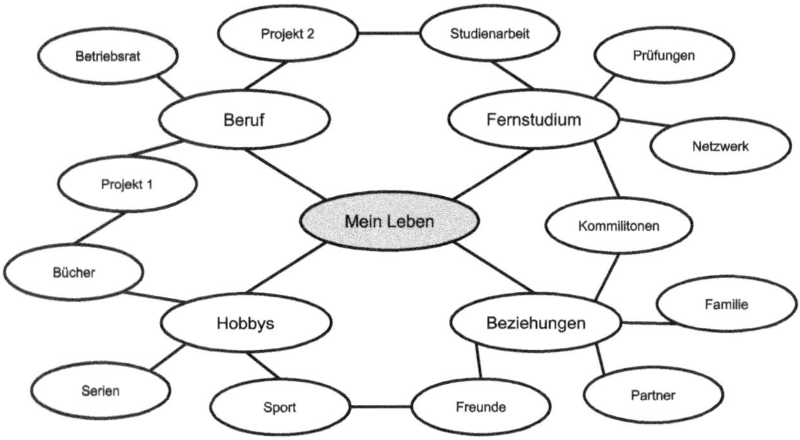

Aufgabe

Entwickle jeweils ein Global Picture von deinem Fernstudium und eines von deinem gesamten Leben! Integriere bei letzterem dein Fernstudium und berücksichtige deine neue Vision!

SMART-Formel

Nachdem nun die Rolle deines Fernstudiums in deinem Leben feststeht, solltest du Ziele für diesen Bereich festlegen. Warum? Weil du so deine Motivation und Produktivität erheblich verbessern kannst. Bestimmst du in deinem Alltag keine Ziele, wirst du deine Zeit niemals sinnvoll und effizient einsetzen können – dafür stehen dir zu viele verschiedene Handlungsoptionen zur Verfügung. Ohne eine klare Zielführung besteht die Gefahr, dass große Teile deiner Aufmerksamkeit und Energie für Nebensächlichkeiten verschwendet werden. Ein anerkanntes Konzept zur persönlichen Zielsetzung ist die SMART-Formel. Diese Formulierungshilfe beschreibt fünf Eigenschaften, die deine Ziele aufweisen müssen. Erfüllt deine Zielformulierung alle Bedingungen, sind die Erfolgsaussichten am höchsten.

Das Akronym SMART steht für:

- ✔ S: spezifisch (specific)
- ✔ M: messbar (measurable)
- ✔ A: attraktiv (assignable)
- ✔ R: realistisch (realistic)
- ✔ T: terminiert (time framed)

Zunächst solltest du dein Ziel spezifisch, also möglichst konkret, formulieren. Denn nur, wenn du dein Ziel eindeutig und präzise festlegst, kannst du ohne Umschweife darauf hinarbeiten. Nehmen wir zum Beispiel an, du möchtest morgen für dein Studium lernen. Dieses Ziel könntest du – ganz konkret – so formulieren:

- ✔ Ich fasse morgen von 17:00 Uhr bis 18:00 Uhr ein Kapitel aus dem Studienbuch zusammen und lerne die Inhalte.

Alle Ziele, die du dir setzt, sollten mess- und quantifizierbar sein. Andernfalls kannst du nicht überprüfen, ob du konsequent an deinen Zielen gearbeitet und sie am Ende auch erreicht hast.

Im vorherigen Beispiel wäre „ein Kapitel“ eine messbare Größe. Zur Verdeutlichung noch ein Anwendungsbeispiel dazu:

- ✔ Ich schreibe morgen von 18:00 Uhr bis 20:00 Uhr zwei Seiten meiner Studienarbeit.

Weiterhin solltest du deine Ziele angemessen und attraktiv formulieren, damit du Lust hast, an der Umsetzung zu arbeiten, und nicht direkt in ein Motivationsloch fällst. So könnte ein attraktives Ziel aussehen:

- ✔ Morgen lese ich eine Stunde in dem Studienskript und schreibe 20 Karteikarten, danach mache ich eine Pause.

Die Attraktivität deiner Ziele ist wichtig – ohne Frage. Vergiss dabei aber nicht: sich Ziele zu setzen, ist kein Wunschkonzert. Natürlich ist es völlig in Ordnung, wenn du hoch hinaus möchtest, aber deine Ziele müssen dabei immer realistisch bleiben und deinen aktuellen Rahmenbedingungen gerecht werden:

- ✔ Ich lerne jeden Tag mindestens 30 Minuten für mein Fernstudium.

Zuletzt solltest du deine Ziele terminieren und mit einer Deadline versehen. Durch die Befristung werden deine Ziele an einen zeitlichen Rahmen gebunden. Damit verleihst du ihnen Verbindlichkeit und kannst fokussiert mit der Umsetzung beginnen, etwa so:

- ✔ Bis Freitag, 18:00 Uhr, löse und kontrolliere ich alle Übungsaufgaben aus Kapitel 3.

Die SMART-Formel ist ein nützliches Werkzeug, mit dem du deine Ziele schnell und einfach formulieren kannst. Es kann vorkommen, dass ein Ziel nicht alle fünf Kriterien erfüllt. Außerdem sind nicht alle Ziele eindeutig messbar oder sie erzeugen einen inneren Konflikt bezüglich Attraktivität und Realitätsnähe. Trotz dieser Schwächen bietet das SMART-Konzept eine solide Grundlage, an der du dich orientieren kannst. Die fünf Eigenschaften sorgen dafür, dass deine Ziele klar und verständlich werden, ohne dass du viel Zeit für die Planung aufwenden musst.

✿ Anleitung

Die Zielformulierung nach der SMART-Formel ist einfach und folgt den fünf Eigenschaften, die deine Ziele erfüllen müssen. Besorge dir etwas zu schreiben und formuliere deine Ziele so:

Schritt 1: Ziele müssen spezifisch sein!

- ✔ Was genau möchtest du erreichen?

Schritt 2: Ziele müssen messbar sein!

- ✔ Wie kannst du dein Ziel/deinen Erfolg überprüfen?

Schritt 3: Ziele müssen attraktiv sein!

- ✔ Ist dein Ziel erstrebenswert?

Schritt 4: Ziele müssen realistisch sein!

- ✔ Ist dein Ziel umsetzbar?

Schritt 5: Ziele müssen terminiert sein!

- ✔ Wann willst du dein Ziel erreicht haben?

Mithilfe der SMART-Formel erhältst du nicht nur einen eindeutigen Handlungsplan, sondern auch einen spürbaren Motivationsschub. Dieser Effekt wird verstärkt, indem du deine Ziele aufschreibst. Ein schriftlich fixiertes Ziel wird dich motivieren und anstacheln. Die Wahrscheinlichkeit, dass du dich an diese Abmachung hältst, ist viel größer als bei einer spontanen Idee, die nur in deinem Kopf herumschwirrt.

★ Beispiel

Nicht jedes Ziel kann oder muss SMART sein. Häufig reicht es schon, wenn du deine Ziele umreißt und dich dann an die Arbeit machst. Das SMART-Konzept kann dir dabei helfen, da Ziele hierbei nach einem klaren Muster definiert werden. Dazu ein Beispiel auf der nächsten Seite.

Dein Ausgangspunkt: Du möchtest mehr für dein Fernstudium tun.

Spezifisch:

- ✔ Ich lerne häufiger für mein Fernstudium, indem ich sämtliche Lernunterlagen durcharbeite, Übungsaufgaben löse und relevante Inhalte zusammenfasse.

Messbar:

- ✔ Ich lerne fünfmal pro Woche für mein Fernstudium, indem ich die Lernunterlagen durcharbeite ...

Attraktiv:

- ✔ Um nicht in Lernrückstand zu geraten und bessere Noten zu erzielen, lerne ich fünfmal pro Woche ...

Realistisch:

- ✔ Um nicht in Lernrückstand zu geraten ... lerne ich fünfmal pro Woche für mindestens 30 Minuten ...

Terminiert:

- ✔ Um nicht in Lernrückstand zu geraten ... lerne ich fünfmal pro Woche ab 20:00 Uhr für mindestens 30 Minuten ...

Dein Ziel: Um nicht in Lernrückstand zu geraten und bessere Noten zu erzielen, lerne ich fünfmal pro Woche ab 20:00 Uhr für mindestens 30 Minuten, indem ich die Lernunterlagen durcharbeite, relevante Inhalte zusammenfasse und Übungsaufgaben löse.

✎ **Aufgabe**

Wende die SMART-Formel an und definiere fünf motivierende Ziele für dein Fernstudium!

Mentale Bilder

Eine besonders nützliche Technik zur Umsetzung neuer Vorhaben ist der Einsatz sogenannter mentaler Bilder. Mentale Bilder sind bewusst platzierte Vorstellungen eines zukünftigen Wunschzustandes, die deine Motivation und Zuversicht stärken. Das heißt: Deine Vision, dein Global Picture und deine Ziele zu deinem Fernstudium entwickeln erst dann ihre volle Antriebskraft, wenn du sie klar vor deinem geistigen Auge siehst. Visualisierung heißt das Zauberwort: Sobald du dir deine Zukunft im Detail ausmalst und in Gedanken durchlebst, wie erfolgreich und glücklich du sein wirst, entsteht eine tiefe Motivation in dir, diesen Zustand auch tatsächlich zu erreichen.

Es geht keineswegs darum, sich in eine Fantasiewelt zu flüchten und diese Wunschvorstellung mit der Realität zu verwechseln. Du darfst dich nicht auf dem Gedanken ausruhen, dass schon alles gut gehen wird und dir – komme, was wolle – eine rosige Zukunft bevorsteht. Nein, du hast deine Zukunft selbst in der Hand und kannst eigenverantwortlich für deine größten Erfolge sorgen. Um dorthin zu kommen, ist es hilfreich, wenn du dir diese Glücksmomente erst einmal bildhaft vorstellst und klar umreißt, was du erreichen möchtest. Denn erst dann kannst du zielgerichtet den Weg dorthin einschlagen und diesen bis zum Ende motiviert beschreiten.

Profisportler arbeiten häufig mit dieser Technik und setzen mentale Bilder im Wettkampf oder während des Trainings ein. Eine Fußballspielerin entwickelt beispielsweise vor dem entscheidenden Elfmeter ein mentales Bild, wie der Ball im rechten oberen Winkel einschlägt. Ein Rennfahrer lässt schon Stunden vor dem Start einen Film in seinem Kopfkino ablaufen, in dem er das gesamte Feld hinter sich lässt und als Erster die Ziellinie überquert. Ein Golfspieler visualisiert vor dem 10-Millionen-Dollar-Putt, wie er den Schläger mit ruhiger Hand auf gerader Bahn zum Ball führt, der daraufhin perfekt ins Loch fällt. Genauso solltest du auch vorgehen.

Erstelle deshalb zu jedem deiner übergeordneten Studienziele ein starkes mentales Bild, indem du dir vorstellst, wie das Ergebnis aussieht und wie glücklich du sein wirst, wenn du dein Ziel erreicht hast. Dafür kannst du die folgenden Fragen nutzen:

- ✔ Wie sieht mein Wunschergebnis im Detail aus?
- ✔ Wie fühle ich mich in diesem Glücksmoment?
- ✔ Welche Sinneseindrücke kann ich wahrnehmen?
- ✔ Welche positiven Konsequenzen erwarten mich?
- ✔ Wie reagieren die Personen in meinem Umfeld?
- ✔ Wie verbessert sich mein Leben?
- ✔ Worauf kann ich stolz sein?

Du kannst dabei auch schrittweise vorgehen und zunächst ein mentales Bild für deine Vision erdenken. Danach visualisierst du dein persönliches Global Picture und stellst dir vor, wie harmonisch und problemlos alle wichtigen Lebensbereiche zusammenwirken. Zum Schluss malst du dir für jedes Ziel ein mentales Bild aus und sorgst damit für maximale Motivation auf der Umsetzungsebene. Stelle dir konkret vor, welche Auswirkungen eine höhere Produktivität beim Lernen und ein erfolgreicher Studienabschluss auf dein Leben haben werden. Ziehe dich dazu an einen ruhigen Ort zurück, schließe deine Augen und lasse das gewünschte Szenario in Gedanken ablaufen.

Gehe zum Beispiel in Gedanken durch, wie du abends voller Konzentration vor deinen Lernunterlagen sitzt und trotz der vielen Verpflichtungen genug Motivation für dein Fernstudium findest. Stelle dir vor, wie stolz deine Familie auf dich sein wird, wenn du ihr dein Abschlusszeugnis präsentierst. Male dir aus, was du dir später alles leisten kannst, wenn du dein Fernstudium durchziehst und dadurch ein höheres Gehalt bekommst. Oder zeichne die Vorstellung, wie dein nerviger Kollege vor Neid platzt, wenn du aufgrund deiner Weiterbildung bei der nächsten Beförderungsrunde bevorzugt wirst.

✿ Anleitung

Ein mentales Bild muss stark und motivierend sein. Nur, wenn es einen positiven Impuls in dir auslöst, eignet es sich als Gegenmittel für Antriebslosigkeit. Ist dein Gedanke hingegen zu schwach, verpufft seine Wirkung. Außerdem muss dein mentales Bild einfach und klar sein. Ist dein Gedanke zu komplex, dauert es zu lange, bis du in Gang kommst. Konzentriere dich daher auf den Kern deines mentalen Bildes. An den folgenden Schritten kannst du dich orientieren, wenn du deinen Wunschzustand visualisieren möchtest:

Schritt 1: Bestimme eine Aufgabe!

- ✔ Lege eine Aufgabe oder Tätigkeit fest, für die du ein mentales Bild erstellen möchtest.

Schritt 2: Definiere ein Ziel!

- ✔ Formuliere ein schriftliches Ziel für deine Aufgabe oder Tätigkeit, damit du genau vor Augen hast, worauf du hinarbeiten möchtest.

Schritt 3: Visualisiere das Ergebnis!

- ✔ Stelle dir das Ergebnis deiner Arbeit bildlich vor und male es dir im Detail aus.

Schritt 4: Konzentriere dich auf einen Vorteil!

- ✔ Wähle aus dieser Vorstellung den größten Vorteil für dich aus und konzentriere dich nur auf diese *eine* Sache.

Schritt 5: Verbinde Emotionen mit diesem Vorteil!

- ✔ Wie fühlt es sich an, wenn du deine Aufgabe zu Ende bringen und das Ergebnis erreichen würdest?

Bevor du mit einer neuen Aufgabe beginnst, kannst du mit dieser Anleitung ein entsprechendes mentales Bild erzeugen.

★ **Beispiel**

Mentale Bilder erhöhen nicht nur deine Motivation, um mit einer Aufgabe zu beginnen – sie sind zudem ein hervorragendes Mittel gegen Störungen und Prokrastination. Wenn dich die Aufschieberitis heimsucht, musst du schnell reagieren und den Angriff abwehren. Dazu legst du dir einen motivierenden Gedanken zurecht, der dich in einem schwachen Moment vor der Aufschieberitis schützt. Dazu zwei Beispiele:

Aufschieberitis beim Lernen:

- ✔ „Heute lohnt sich das Lernen nicht mehr, es ist schon zu spät."

Mentales Bild:

- ✔ Stelle dir vor, wie du eine 1,0 für deine Prüfung bekommst und überglücklich deinen Notenspiegel checkst. Denke außerdem an dein Abschlusszeugnis und wie stolz du auf dich sein wirst.

Aufschieberitis beim Schreiben:

- ✔ „Ich räume lieber erst mal meine ganze Wohnung auf, bevor ich an meiner Hausarbeit weiterschreibe."

Mentales Bild:

- ✔ Stelle dir vor, wie du ein Sonderlob von deiner Professorin bekommst, weil du eine erstklassige Hausarbeit geschrieben hast. Denke an deinen späteren Abschluss und welche beruflichen Vorteile du haben wirst.

✎ **Aufgabe**

Erstelle ein mentales Bild zu deiner Vision, deinem Global Picture und einem deiner konkreten Ziele, indem du deinen Wunschzustand im Detail vor deinem geistigen Auge visualisierst!

Zusammenfassung

In diesem Kapitel hast du gelernt, wie du dein Fernstudium in deinem Leben verankerst und ihm einen festen Platz zuordnest. Dazu haben wir uns mit deinem Warum auseinandergesetzt und somit nachhaltige Motivation sichergestellt. Alle dafür notwendigen mentalen Werkzeuge hast du kennengelernt:

- ✔ Eine Vision ist ein übergeordnetes Ziel in deinem Leben und gibt deinem Handeln einen Sinn.
- ✔ Diese Vision ist mit dem Polarstern vergleichbar: Sie zeigt dir, in welche Richtung du dich bewegen musst.
- ✔ Deine Lebensbereiche sind vielschichtig und beeinflussen sich gegenseitig.
- ✔ Ein Global Picture verdeutlicht den Aufbau und die wechselseitige Struktur deiner Lebensbereiche.
- ✔ Mithilfe eines Global Picture behältst du die Übersicht und kannst deine Prioritäten klar erkennen.
- ✔ Ziele stärken deine Motivation und vervielfachen deine Handlungsbereitschaft.
- ✔ Werden Ziele schriftlich definiert, entstehen ein klarer Fixpunkt und eine offizielle Vereinbarung mit dir selbst.
- ✔ Eine systematische Zielsetzung unterstützt dich im Alltag, verhilft zu produktiveren Gewohnheiten und spart Zeit.
- ✔ Mit der SMART-Formel kannst du deine Ziele spezifisch, messbar, attraktiv, realistisch und terminiert formulieren.
- ✔ Besonders kraftvoll werden deine Ziele, wenn du sie visualisierst; dazu kannst du mentale Bilder einsetzen.
- ✔ Mentale Bilder sind konkrete Vorstellungen eines zukünftigen Wunschzustandes, die deine Motivation und Zuversicht stärken.

KAPITEL 2
Dein Plan

Einleitung

Sobald du ein starkes Warum für dein Fernstudium herausgearbeitet hast, könntest du die Ärmel hochkrempeln und losstudieren. Besser wäre es jedoch, vorher einen klugen Plan aufzustellen – denn nur mit konkreten Plänen kommst du effizient und zielgerichtet voran. Ohne Plan fehlen dir Orientierung und Antrieb bei deinen kurzfristigen und langfristigen Aufgaben. So bleibt dein Global Picture ein verschwommener Wunsch und deine Vision wird niemals Realität. Du lässt dich treiben und schaust, welche Dinge im Laufe der Zeit auf dich zukommen. Das Problem dabei ist: Irgendwann verlierst du die Kontrolle. Du gerätst regelmäßig in Lernrückstand, bearbeitest deine Studienhefte immer auf den letzten Drücker, verpasst wichtige Abgabetermine und hast Dauerstress vor deinen Prüfungen. Einen Großteil dieser Probleme kannst du mit etwas Planung verhindern.

Wenn du dein Fernstudium im Voraus planst, wirst du es viel leichter finden, mit wichtigen Aufgaben anzufangen und bis zum Schluss durchzuhalten. Du schiebst automatisch weniger Dinge auf und arbeitest fokussierter an deinen Zielen. Doch Pläne verbessern nicht nur deine Motivation – sie können dir auch unglaublich viel Zeit sparen. Der Grund dafür ist die 10/90-Regel. Sie besagt: Durch die ersten 10 Prozent der Zeit, die du für deine Planung aufwendest, sparst du ganze 90 Prozent der Zeit, die du brauchst, um die geplante Aufgabe zu erledigen. Mit einem kleinen organisatorischen Mehraufwand kannst du die eigentliche Arbeit enorm beschleunigen. Trotz zusätzlicher Planungszeit bist du schneller mit allem fertig, weil du strategisch handelst und deine Arbeitskraft klug einteilst.

Dabei sind Pläne ähnlich wie Ziele: Sie funktionieren nicht, wenn du sie nur im Kopf hast. Du musst schriftlich planen und alle Ideen, Konzepte und Maßnahmen für deine Weiterbildung aufschreiben. Erst auf Papier werden aus deinen Überlegungen übersichtliche Listen, die du verinnerlichen und abarbeiten kannst. Ohne schriftliche Planung verlierst du hingegen schnell den Überblick, vergisst wichtige Zwischenschritte und kommst durcheinander. Ein schriftlicher Plan hat zudem den Vorteil, dass er dich anspornt und für Verbindlichkeit sorgt. Es ist wie eine offizielle Vereinbarung mit dir selbst. Die Wahrscheinlichkeit, dass du diese Abmachung einhältst, ist viel größer als bei einer spontanen Überlegung. Wie du solch eine Planung für dein Fernstudium umsetzen kannst, lernst du in diesem Kapitel.

Dazu stellen wir zunächst ein persönliches Zeitkonto auf und finden heraus, wie viel Zeit du zukünftig in dein Studium investieren kannst. Anschließend verplanen wir diese Zeit und werfen einen Blick auf verschiedene Planungsebenen, damit du langfristige und kurzfristige Studienziele terminieren und diese strukturiert umsetzen kannst. Damit dir das gelingt, musst du lernen, komplexe Aufgaben zu analysieren und Schritt für Schritt zu erledigen. Wie du dabei vorgehen kannst, schauen wir uns ebenfalls an. Danach entwickeln wir einen Projektplan für dein Fernstudium und erstellen einen nützlichen Gantt-Chart, damit du deine Pläne nachverfolgen und optimieren kannst.

In diesem Kapitel lernst du,

- ✔ was ein Zeitkonto ist und wie du damit deine verfügbare Zeit dokumentieren und einteilen kannst.
- ✔ warum du dein Fernstudium auf verschiedenen zeitlichen Ebenen planen solltest und wie das funktioniert.
- ✔ wie du große Aufgaben in deinem Fernstudium einfach aufteilen und im Handumdrehen organisieren kannst.
- ✔ wie du langfristige und komplexe Aufgaben mit einem Gantt-Chart planen und visualisieren kannst.

Zeitkonto

168 Stunden. So viel Zeit steht jedem Menschen pro Woche zur Verfügung. Also mehr als genug, um zwischen den täglichen Verpflichtungen noch etwas fürs Fernstudium zu tun. Aber stimmt diese Zahl überhaupt? Und wie viel bleibt am Ende *wirklich* übrig, wenn du alle anderen Aufgaben und To-dos abziehst? Wenn man die 24 Stunden am Tag mit den 7 Tagen pro Woche multipliziert, kommt man auf 168 Stunden – aber das ist etwas kurz gedacht: Du schläfst, isst, arbeitest, machst Sport, sorgst vielleicht für deine Familie und musst dich um einen Haushalt kümmern. Hinzu kommen Hobbys, Freizeitaktivitäten und Zeiten, in denen du einfach müde auf dem Sofa sitzt und deine Lieblingsserie schaust. All das solltest du berücksichtigen, wenn du deine Zeit clever managen möchtest. Doch dazu musst du erst einmal wissen, wie viel Zeit du in deinem Alltag für welche Aktivitäten aufwendest. Nicht abschätzen oder raten – sondern *wissen*.

Für eine erste Bestandsaufnahme deiner täglichen und wöchentlichen Zeitinvestitionen solltest du daher ein sogenanntes Zeitkonto führen. Angelehnt an ein klassisches Bankkonto sammelst du in dieser Übersicht deine zeitlichen Ausgaben und summierst die einzelnen Posten letztendlich zu einem Gesamtaufwand. Dazu direkt ein Beispiel:

Aktivität	**Stunden pro Tag**	**Stunden pro Woche**
Schlafen	8	56
Essen	1	7
Haushalt	1	7
Fahrten und Wegzeiten	1	6
Arbeiten	8	40
Sport	0,5	3,5
Familie und Freunde	2	14
Hobbys und Freizeit	1,5	10,5
Gesamt	**23**	**144**

In diesem Beispiel wurden die Aktivitäten eines typischen Wochentages gesammelt. Danach wurde deren Dauer bestimmt und auf eine ganze Woche hochgerechnet. Das Wochenende findet auch Berücksichtigung, damit das Beispiel realistisch bleibt. Dennoch handelt es sich dabei um Schätzwerte – und diese können von deiner persönlichen Situation abweichen. Zwei Dinge sind hier wichtig: Erstens, dein Fernstudium wurde noch nicht berücksichtigt. Zweitens, trotzdem ist dein Zeitkonto schon prall gefüllt. Am Ende eines Arbeitstages bleibt in dieser Zusammenstellung nur eine Stunde übrig, die noch zur freien Verfügung steht. Am Wochenende sieht es zwar etwas entspannter aus, dennoch verbleiben pro Woche lediglich 24 Stunden (168 Stunden abzüglich 144 Stunden), die noch *nicht* für andere Aktivitäten eingesetzt wurden.

Auf den ersten Blick scheint pro Woche also genug Zeit für dein Fernstudium vorhanden zu sein – aber nur in einer idealisierten Welt, wenn nichts dazwischenkommt. Es kann nämlich sehr gut sein, dass sich einer der Zeitfaktoren ausdehnt und mehr Zeit in Anspruch nimmt. Wenn du dich beispielsweise auf eine wichtige Präsentation in deinem Job vorbereiten und Überstunden machen musst, nimmt dieser Posten mehr Zeit ein als üblich. Vielleicht musst du dich um einen guten Freund in Not kümmern, dein Kind wird krank oder dein Auto bleibt liegen. Diese Notfälle sind hier noch nicht abgebildet, doch in deinem persönlichen Zeitkonto sollte dafür ein gewisser Puffer vorgesehen sein.

Darum ist es wichtig, dass du deine täglichen und wöchentlichen Aktivitäten sammelst und ein persönliches Zeitkonto anlegst. Diese Form der Veranschaulichung ist der schnellste und einfachste Weg, um dir vor Augen zu führen, wie viel Zeit du für dein Fernstudium investieren kannst – und zwar so genau wie möglich. Erst, wenn du weißt, wie viel Zeit dir *wirklich* zur Verfügung steht, kannst du eine realistische Planung anfertigen. Unnötige Aufgaben, ineffiziente Tätigkeiten und falsche Prioritäten treten bei dieser Bestandsaufnahme ebenfalls unweigerlich in dein Blickfeld. Damit zahlt sich der Zeitaufwand, der durch das Anfertigen eines Zeitkontos entsteht, langfristig doppelt und dreifach aus.

✿ Anleitung

Wenn du zum ersten Mal ein Zeitkonto aufsetzt, solltest du sehr genau vorgehen und zunächst jede Aktivität berücksichtigen, die du regelmäßig ausübst. In einem zweiten Schritt kannst du dann Tätigkeiten in Kategorien zusammenfassen. Außerdem solltest du bei der Bestimmung des zeitlichen Aufwands schonungslos ehrlich sein und nichts beschönigen. Für einen kurzen Moment kann es schmerzhaft sein, wenn du dokumentierst, wie viele Stunden pro Woche du wirklich vor dem Smartphone verbringst – doch die Konfrontation lohnt sich: Ab sofort weißt du, wo es tatsächlich hakt, und die vielen kleinen Zeitfresser können sich nicht mehr unbemerkt in deinen Alltag schleichen. Diese Schritte helfen dir dabei, ein persönliches Zeitkonto zu erstellen:

Schritt 1: Sammle deine täglichen Aktivitäten!

- ✔ Lege eine Liste mit sämtlichen Aktivitäten an, für die du während einer typischen Woche Zeit aufwendest.

Schritt 2: Achte auf Besonderheiten!

- ✔ Berücksichtige auch alle Aktivitäten, die nicht regelmäßig oder nur an bestimmten Tagen auftreten.

Schritt 3: Bestimme den zeitlichen Aufwand!

- ✔ Schätze die Dauer der einzelnen Aktivitäten so genau wie möglich ab.

Schritt 4: Plane einen Zeitpuffer ein!

- ✔ Lege für jeden Tag einen bestimmten zeitlichen Puffer für Aktivitäten fest, die potenziell länger dauern als geplant.

Schritt 5: Erstelle eine Übersicht!

- ✔ Trage deine Beobachtungen in einer Tabelle zusammen und berechne die Zeit, die du täglich und wöchentlich für alle Aktivitäten aufwendest.

Für den letzten Punkt bietet es sich an, auf Software (wie zum Beispiel Microsoft Excel) zurückzugreifen, damit du deine Angaben flexibel anpassen und die Zeiten schneller zusammenrechnen kannst. Für dein erstes Zeitkonto kannst du die Vorlagen aus dem Bonusmaterial (S. 172) verwenden.

★ Beispiel

Ein persönliches Zeitkonto spiegelt die jeweilige Lebenssituation der Bezugsperson wider, das heißt: Es gibt kein ultimatives Konto, das für jeden Menschen passt. Es existiert auch kein Richtig und kein Falsch. Darum geht es bei dieser Methode auch gar nicht, sondern einzig und allein um die transparente Information, wie viel Zeit pro Tag (oder pro Woche) übrig bleibt. Zum besseren Verständnis hier noch ein anderes Zeitkonto:

Aktivität	Stunden pro Tag	Stunden pro Woche
Schlafen	7	49
Essen	1	7
Haushalt	3	21
Fahrten und Wegzeiten	1	6
Arbeiten	4	20
Hobbys und Freizeit	0,5	3,5
Familie	6	42
Freunde	0,5	3,5
Gesamt	**23**	**152**

✎ Aufgabe

Erstelle dein persönliches Zeitkonto! Überlege dafür, wie viel Zeit du in den letzten zwei Wochen im Durchschnitt für einzelne Tätigkeiten aufgewendet hast und notiere diese Angaben in einer Tabelle! Rechne dann deine frei verfügbare Zeit aus und überlege, wie viel du davon für dein Fernstudium nutzen möchtest!

Planungsebenen

Sobald du dir überlegt hast, wie viel Zeit du in dein Fernstudium investieren kannst, solltest du in die Planungsphase übergehen. Zur Erinnerung: Nur, wenn du einen Plan machst und deine Ressourcen organisierst, kannst du deine Energie zielgerichtet einsetzen und produktiv studieren. Beim Planen geht es also darum, die eigene Zukunft in die Gegenwart zu holen, sodass du jetzt schon an ihr arbeiten kannst. So weit, so gut. Die Frage ist nur: Wie weit soll man in die Zukunft gehen? Wie lange soll man vorausplanen? Am besten so weit wie möglich. Je weiter du in die Zukunft schaust und je genauer du dein Leben planst, desto nachhaltiger und zusammenhängender wird deine Strategie. Deine großen, übergeordneten Ziele hast du somit immer im Blick und kannst deine kurzfristigen Vorhaben daran ausrichten. Es gibt dabei häufig nur ein Problem: Je weiter du planst, desto unsicherer und unflexibler werden deine Überlegungen. Wenn du zum Beispiel jetzt schon planst, wie dein Alltag in sieben Jahren aussehen soll, lehnst du dich ganz schön weit aus dem Fenster. Darum sollte deine Strategie lauten:

- ✔ Plane langfristig, aber bleibe dabei flexibel!

Am besten gelingt dir das, wenn du mit verschiedenen Komplexitätsebenen arbeitest und deine langfristigen Pläne Schritt für Schritt in kurzfristigere Pläne überführst. Auf diese Weise bleibst du konkret und weißt stets, was zu tun ist – verlierst gleichzeitig aber nicht deine übergeordneten Ziele aus dem Blick. Genau dabei kann dir das Konzept der Planungsebenen helfen. Hierzu legst du Pläne für unterschiedlich lange, aufeinander aufbauende Abschnitte in deinem Fernstudium fest. Damit stellst du sicher, dass du einerseits möglichst weit in die Zukunft planst und andererseits den Bezug zur Gegenwart behältst, damit deine Pläne konkret und realistisch bleiben. Mit diesem System kannst du deine Planung langfristig ausrichten, sicherst dir aber trotzdem maximale Flexibilität. Somit kannst du reagieren, falls sich deine aktuellen Rahmenbedingungen oder persönlichen Präferenzen ändern.

In Bezug auf dein Fernstudium bietet es sich an, mit Jahresplänen zu arbeiten und deine Strategie dann auf Monate, Wochen und Tage herunterzubrechen. Konkret könnte das so aussehen:

→ Drei-Jahresplan

→ Jahresplan

→ Monatsplan

→ Wochenplan

→ Tagesplan

Nach diesem Modell würdest du zuerst einen übergeordneten Studienplan für drei Jahre festlegen (falls dein Studium so lange dauert). Hierin stehen deine grundlegenden strategischen Ziele, wie zum Beispiel: dein Abschluss, deine Abschlussarbeit, kritische Zwischenprüfungen und so weiter. Danach planst du etwas feiner und gehst die einzelnen Jahre genauer durch. Welche Prüfungen stehen an? Welche Hausarbeiten müssen geschrieben werden? Welche Herausforderungen warten zusätzlich auf dich? Daraus ergeben sich auf den nächsten Ebenen 12 Monatspläne, 52 Wochenpläne und am Ende 365 Tagespläne.

Natürlich machst du das nicht alles auf einmal und legst fest, was du heute auf den Tag genau in drei Jahren tun wirst. Deine Pläne sollten aber mindestens so aktuell sein, wie die vorherige Planungseinheit auf der Ebene: Deine Tagespläne werden täglich (am Vortag) festgelegt; die Wochenplanung wird wöchentlich (in der Woche zuvor) von dir aktualisiert und so weiter. Langfristige Pläne (wie deine Jahrespläne) werden üblicherweise jährlich kontrolliert und angepasst. Diese Stufen dienen primär der Orientierung und sollen Impulse für konkrete Monats-, Wochen- oder Tagespläne geben. Je ausgewogener deine Planung ausfällt und je erreichbarer dir die gesetzten Ziele erscheinen, umso höher ist deine Motivation, an dem Plan zu arbeiten – und damit die Wahrscheinlichkeit, dass du am Ende alle Aufgaben zufrieden von deiner To-do-Liste streichen kannst.

✿ Anleitung

Das Konzept der Planungsebenen folgt keinen offiziellen Regeln. Es ist nicht einmal vorgegeben, wie viele Ebenen du zur Planung nutzen solltest oder in welchen zeitlichen Abständen deine Pläne zu überarbeiten sind. Die Angaben aus dem vorherigen Abschnitt sind Beispiele; nicht mehr und nicht weniger. Wichtig ist nur, dass du in Ebenen denkst und planst – und dies schriftlich und regelmäßig durchführst. Die folgenden Schritte können dich bei diesem Vorgehen unterstützen:

Schritt 1: Bestimme, wie langfristig du planen möchtest!

- ✔ Wie viele Jahre möchtest du vorausplanen?

Schritt 2: Wähle die kurzfristigste Planungseinheit!

- ✔ Möchtest du auf Tages-, Wochen- oder Monatsbasis planen?

Schritt 3: Unterteile deinen Planungszeitraum!

- ✔ Welche Planungsebenen möchtest du berücksichtigen?

Schritt 4: Erstelle deine Pläne!

- ✔ Welche Ziele und Aktivitäten kannst du direkt planen?

Schritt 5: Lege Aktualisierungszeitpunkte fest!

- ✔ Zu welchen Zeitpunkten möchtest du deine Pläne überarbeiten und korrigieren?

Es spricht nichts dagegen, deine Planungsebenen hin und wieder zu ergänzen oder überflüssige Ebenen zu streichen. Du solltest jederzeit das Gefühl haben, dass ein solider Fahrplan deiner Zukunft vor dir liegt. Gleichzeitig darf deine Planung nicht zu kleinschrittig sein, denn sonst verlierst du den Überblick und beschäftigst dich mehr mit dem Planen als mit dem Erreichen deiner Ziele.

★ Beispiel

Planen ist am Anfang gar nicht so einfach. Besonders dann nicht, wenn du es noch nie (oder nur sehr selten) mit System gemacht hast. Zur Inspiration dazu ein paar Beispiele für verschiedene Planungsebenen:

Jahresplan:

- ✔ Januar: Prüfungsvorbereitung Modul A, B, C, Fokus: Fernstudium
- ✔ Februar: Prüfung Modul A, B, C, Fokus: Fernstudium
- ✔ März: Start eines neuen Projekts, Fokus: Job
- ✔ April: Urlaub, Fokus: Familie
- ✔ Mai: Abgabe Hausarbeit, Fokus: Fernstudium
- ✔ Juni: Beginn Prüfungsvorbereitung, Fokus: Fernstudium
- ✔ ...

Tagesplan:

- ✔ 07:00 - 09:00 Uhr: Morgenroutine
- ✔ 09:00 - 17:00 Uhr: Job
- ✔ 17:00 - 18:00 Uhr: Einkaufen
- ✔ 18:00 - 20:00 Uhr: Abendessen und Pause
- ✔ 20:00 - 20:30 Uhr: Zehn Karteikarten im Modul A erstellen
- ✔ 20:30 - 21:30 Uhr: Ein Kapitel im Modul B durcharbeiten
- ✔ 21:30 - 22:00 Uhr: Lerngruppe online treffen
- ✔ 22:00 - 23:00 Uhr: Abendroutine

✎ Aufgabe

Nutze das Konzept der Planungsebenen und strukturiere deine Ziele und Aufgaben für dein gesamtes Fernstudium! Lege zudem Zeitpunkte fest, an denen du deine Pläne prüfen und gegebenenfalls überarbeiten wirst!

Salami-Taktik

Die Hauptgründe für Überforderung und fehlende Motivation im Studium sind die viel zu komplexen Aufgaben. Du hast dann keine Lust anzufangen oder startest zwar, verzettelst dich aber nach kurzer Zeit und gibst gestresst auf – besonders, wenn dir für dein Fernstudium im Alltag eher kleine Zeitfenster zur Verfügung stehen. Eine einfache und wirkungsvolle Möglichkeit, großen Aufgaben ihren Schrecken zu nehmen, liefert die Salami-Taktik. Bei dieser Methode zerteilst du große Ziele in kleine Scheiben (wie bei einer Salami) und arbeitest dich so scheibchenweise nach vorne. Das Grundprinzip dahinter ist simpel und lautet:

- ✔ Denke in Schritten!

Drei kleine Worte mit großer Wirkung. Gewöhne dir an, große Aufgaben nicht mehr als Ganzes zu sehen, sondern denke in Etappen. Unterteile deine anstehenden Projekte im Fernstudium in kleine, durchführbare Einheiten und arbeite dich dann Schritt für Schritt durch. Das hat zwei große Vorteile: Erstens wirst du es einfacher finden, zunächst ein kleines Stück einer großen Aufgabe zu erledigen, als mit der ganzen Arbeit auf einmal anzufangen. Dadurch kommst du langsam in Schwung und wirst dich sehr wahrscheinlich gleich noch mit dem nächsten Schritt befassen, sobald du diese erste kleine Hürde genommen hast. Zweitens sorgt diese Aufteilung dafür, dass du die Übersicht behältst und zu jedem Zeitpunkt genau weißt, an welcher Stelle deiner Aufgabe du dich befindest. Du wirst dich nicht mehr verlaufen oder von Kleinkram ablenken lassen. Dein Schritte-Plan hält dich in der Spur und zeigt dir, was als Nächstes zu tun ist. Und genau das bringt uns zu der zentralen Frage, die du dir bei der Planung und Aufteilung deiner Aufgaben stellen solltest:

- ✔ Was ist der nächste Schritt?

Richte deinen Fokus bewusst auf die nächste, konkrete Maßnahme, die du durchführen musst. Frage dich immer, was im nächsten Arbeitsschritt zu tun ist – alles Weitere zählt erst einmal nicht. Dabei kannst du deine Aufgaben in beliebig viele Schritte aufteilen und ganz deinem Arbeitsrhythmus anpassen. Tendenziell solltest du dabei eher zu fein als zu grob planen, denn wenn du am Anfang zu große Sprünge machst, bringt dir deine neue Struktur kaum Vorteile und irritiert dich eher. Planst du hingegen zu viele Schritte, straffst du nur deinen Arbeitsrahmen und hast im Zweifel eine zu starre Führung. Aber keine Sorge: Das ist am Anfang nicht so schlimm. Eine allgemeine Struktur für deine neue Aufgabenplanung könnte so aussehen:

Neue Aufgabe

- → Teilaufgabe 1
    - → Teilaufgabe 1a
    - → Teilaufgabe 1b
    - → Teilaufgabe 1c
    - → und so weiter
- → Teilaufgabe 2
    - → Teilaufgabe 2a
    - → Teilaufgabe 2b
    - → und so weiter

Nächste Aufgabe

- → Teilaufgabe 1
    - → Teilaufgabe 1a
    - → Teilaufgabe 1b
    - → und so weiter

Mit der Zeit bekommst du eine gewisse Routine beim Festlegen der Schritte und kannst dich dann auf deine Erfahrungswerte verlassen. Bis dahin muss sich deine Vorgehensweise noch einpendeln. Am besten funktioniert die Salami-Taktik, wenn du sie schriftlich durchführst und deine Aufgaben in strukturierte Listen aufteilst. Jede Teilaufgabe sollte zudem eine verbindliche Deadline erhalten, damit du unbequeme Schritte nicht lange hinauszögerst.

✿ Anleitung

Mithilfe der Salami-Taktik kannst du jede beliebige Aufgabe innerhalb deines Fernstudiums in ihre Einzelteile zerlegen und scheibchenweise erledigen. Nach dieser Gliederung legst du eine Bearbeitungsreihenfolge fest und konzentrierst dich immer nur auf den aktuellen Arbeitsschritt. Du kannst dabei nach folgendem Analyseschema vorgehen:

Schritt 1: Wähle eine Aufgabe!

- ✔ Was möchtest du erledigen?

Schritt 2: Lege ein Ziel fest!

- ✔ Was möchtest du erreichen?

Schritt 3: Definiere die Grundbestandteile deiner Aufgabe!

- ✔ Was gehört zu deiner Aufgabe dazu?

Schritt 4: Bestimme alle einzelnen Schritte auf diesem Weg!

- ✔ Welche Arbeitsschritte musst du konkret erledigen?

Schritt 5: Lege eine Reihenfolge fest!

- ✔ In welcher Abfolge müssen die Schritte erledigt werden?

Schritt 6: Beginne mit der ersten Teilaufgabe!

- ✔ Konzentriere dich nur auf einen einzigen Arbeitsschritt!

Die größten Schwierigkeiten treten erfahrungsgemäß in Schritt 3 auf: die Definition der Grundbestandteile. Dieser Schritt wirkt auf den ersten Blick willkürlich und abstrakt. Das ist er aber nicht, denn jede Aufgabe lässt sich in die folgenden drei Grundbestandteile aufteilen: Vorbereitung, Durchführung und Nachbereitung. Wenn du deine Projekte nach diesem Muster einteilst, kannst du deine Aufgaben schneller organisieren und deine Arbeit schneller beenden.

★ Beispiel

Grundsätzlich kannst du jede Aufgabe mithilfe der Salami-Taktik aufteilen. Dazu ein Beispiel aus der Prüfungsvorbereitung: Definitionen lernen.

Schritt 1: Aufgabe wählen

- ✔ Ich werde für meine nächste Prüfung alle Definitionen aus Kapitel 1 und Kapitel 2 des Studienheftes lernen.

Schritt 2: Ziel festlegen

- ✔ Ich bestehe die Prüfung mit der Note 2,0 und nach der aktuellen Lernsession sollen alle Definitionen sitzen.

Schritt 3: Grundbestandteile definieren

- ✔ Definitionen sammeln
- ✔ Definitionen lernen
- ✔ Lernmaterial ablegen

Schritte 4 und 5: Einzelne Schritte und Reihenfolge bestimmen

- ✔ Alle Studienunterlagen zusammenstellen
- ✔ Nach Definitionen suchen und herausschreiben
- ✔ Für jede Definition eine Karteikarte erstellen
- ✔ Jede Karteikarte zweimal durchgehen
- ✔ Zu jeder Definition ein eigenes Beispiel überlegen
- ✔ Noch mal jede Karteikarte durchgehen
- ✔ Offene Fragen notieren

✎ Aufgabe

Bestimme eine Aufgabe und zerteile sie mithilfe der Salami-Taktik in kleine Teilaufgaben, die du anschließend nacheinander erledigst!

Ablaufplan

Viele Projekte und Aufgaben in deinem Fernstudium lassen sich nicht in einem Rutsch erledigen. Häufig bist du mehrere Tage oder sogar Wochen mit nur einem einzigen Teilschritt beschäftigt. Die Vorbereitung für eine Prüfung wirst du zum Beispiel nicht an einem Abend erledigen und die nächste Hausarbeit lässt sich gewiss nicht an einem halben Samstag schreiben. Bei der Planung von solch komplexen Aufgaben ist es besonders wichtig, dass du den Überblick behältst und eine grobe Abfolge der einzelnen Arbeitsschritte bestimmst. Die Detailplanung kannst du kurzfristig (zum Beispiel auf Tagesebene) vornehmen – andernfalls besteht ein hohes Risiko, dass du dich verzettelst. Damit das nicht passiert, empfiehlt sich der Einsatz eines Ablaufplans. Eine beliebte Form davon stellen sogenannte Gantt-Charts dar.

Gantt-Charts werden häufig im Projektmanagement angewendet und liefern die besten Ergebnisse für eine flexible und zielgerichtete Planung. Dabei handelt es sich um ein zweidimensionales Balkendiagramm, das die zeitliche Abfolge der einzelnen Arbeitsschritte grafisch auf einer Zeitachse darstellt. Sehen wir uns dazu ein Beispiel an. Angenommen, du möchtest ein Teilkapitel aus deinem Studienheft bearbeiten und planst für die Fertigstellung fünf Tage ein. Nach einer ersten Analyse kannst du vier Teilaufgaben bestimmen (weil es vier Unterkapitel gibt). Die Unterkapitel sind bis auf Unterkapitel 2 alle etwa gleich lang. Außerdem gelingt es dir, für jede Teilaufgabe ein konkretes Ziel zu definieren – nämlich die fertige Zusammenfassung der wichtigsten Inhalte. Daraus lässt sich die folgende Übersicht ableiten:

Aktivität	**Dauer**	**Ziel**
Teilaufgabe 1	1 Tag	Z 1
Teilaufgabe 2	2 Tage	Z 2
Teilaufgabe 3	1 Tag	Z 3
Teilaufgabe 4	1 Tag	Z 4

In diesem Beispiel bauen die Teilaufgaben aufeinander auf, weil die Unterkapitel aus deinem Studienheft inhaltlich geordnet sind. Das heißt, erst wenn du das Ziel Z 1 von Teilaufgabe 1 erreicht hast, kannst du mit Teilaufgabe 2 fortfahren und so weiter. Auf dieser Basis kannst du nun ein Gantt-Chart für deine Aufgabe erstellen, indem du alle Aktivitäten und Ziele über einer Zeitachse einträgst. Das Ergebnis könnte dann so aussehen:

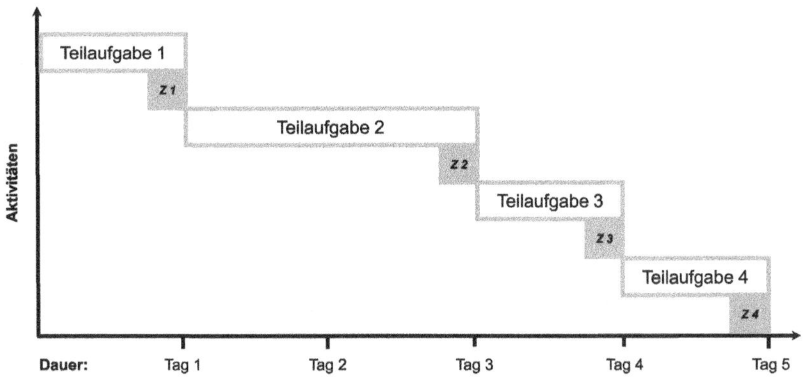

Selbst Aufgaben, die aus 100 oder mehr Teilschritten bestehen und sich über mehrere Monate strecken, kannst mit diesem Werkzeug planen und visualisieren. Parallele Abläufe sind ebenfalls möglich, falls die entsprechenden Aktivitäten simultan bzw. unabhängig voneinander bearbeitet werden können. Dies wäre zum Beispiel der Fall, wenn du für mehrere Prüfungen gleichzeitig lernen musst, weil die Prüfungstermine nah beieinanderliegen. Natürlich wird dein Gantt-Chart dann komplexer, aber grundsätzlich kannst du jede Teilaufgabe mit der entsprechenden Deadline sowie alle Ziele und deren Reihenfolge systematisch aufnehmen.

Zur Erstellung solcher Diagramme eignen sich neben professionellen Projektmanagement-Tools auch herkömmliche Software-Lösungen wie Microsoft Excel oder gleichwertige Apps für dein Smartphone. Auf diese Weise behältst du stets die Übersicht und kannst zu jedem Zeitpunkt nachsehen, an welcher Stelle deines Ablaufplans du dich befindest.

✿ Anleitung

Ein Gantt-Chart ist nichts anderes als ein Planungsdiagramm, das die zeitliche Abfolge von Aktivitäten grafisch in Form von Balken auf einer Zeitachse darstellt. Trotz dieser einfachen Systematik ist es ein nützliches Werkzeug, um deine Planung zu visualisieren und selbst bei komplexen Aufgaben den Überblick zu behalten. Die Vorbereitung eines solchen Gantt-Charts ist eng an die Salami-Taktik angelehnt und wird am Ende lediglich um die grafische Verarbeitung ergänzt:

Schritt 1: Wähle eine Aufgabe!

- ✔ Was möchtest du erledigen?

Schritt 2: Definiere alle einzelnen Teilaufgaben!

- ✔ Welche Schritte musst du konkret erledigen?

Schritt 3: Lege eine Reihenfolge fest!

- ✔ In welcher Abfolge müssen die Schritte erledigt werden?

Schritt 4: Bestimme Teilziele für jeden Arbeitsschritt!

- ✔ Welche Ziele kannst du den Teilaufgaben zuordnen?

Schritt 5: Erstelle ein Gantt-Chart!

- ✔ Wie kannst du die Arbeitsschritte und Teilziele grafisch darstellen?

Typische Einheiten für die Zeitachse sind Tage, Wochen oder Monate. Je nach Aufgabe kannst du auch mehrere Gantt-Charts anfertigen, um zum Beispiel zunächst eine grobe Übersicht auf Monatsebene und zusätzlich eine Detailansicht auf Tagesebene zu erhalten. Jeder einzelnen Aktivität wird ein eigener waagerechter Balken zugewiesen, dessen Länge die zeitliche Dauer darstellt. Teilziele werden besonders gekennzeichnet und einem verbindlichen Stichtag zugewiesen. Im Bonusmaterial (S. 172) findest du eine praktische Chart-Vorlage, damit du direkt loslegen kannst.

★ Beispiel

Gantt-Charts lassen sich für fast jede Aufgabe aus deinem Fernstudium einsetzen. Angenommen, du möchtest deine nächste Hausarbeit planen, die drei Kapitel beinhaltet und von einer Literaturrecherche eingeleitet werden soll. Bis zur Abgabe verbleiben dir noch fünf Wochen, also teilst du diese Zeit auf die einzelnen Teilaufgaben auf. Für jeden Teilschritt bestimmst du ein Ziel, einen sogenannten Meilenstein, wie zum Beispiel „Recherche abgeschlossen". Daraus entsteht die folgende Projektübersicht:

Aktivität	Dauer	Ziel
Recherche	1 Woche	M 1
Kapitel 1	2 Wochen	M 2
Kapitel 2	1 Woche	M 3
Kapitel 3	1 Woche	M 4

Mithilfe dieser Angaben erstellst du nun einen Ablaufplan:

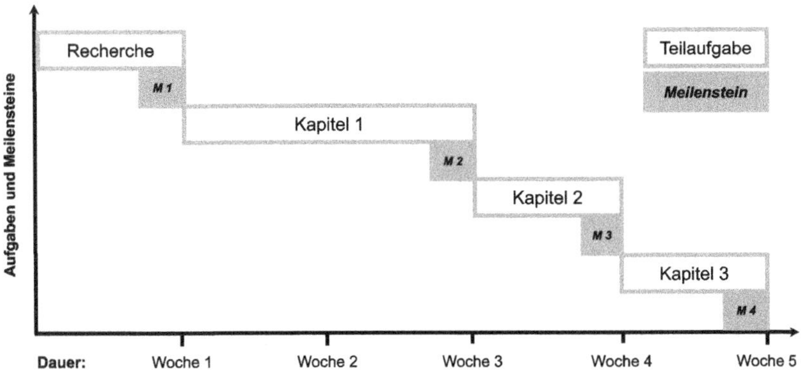

✎ Aufgabe

Erstelle ein Gantt-Chart für eine Aufgabe aus deinem Fernstudium, indem du einzelne Teilaufgaben sowie Ziele definierst und sie zeitlich einordnest!

Zusammenfassung

In diesem Kapitel hast du gelernt, wie du dein Fernstudium langfristig planen kannst. Außerdem haben wir uns angesehen, wie du komplexe Aufgaben aufteilst, um diese Schritt für Schritt zu erledigen. Du kennst nun die wichtigsten Planungstechniken und kannst deinen Zielen damit einen greifbaren Rahmen geben:

- ✔ Pläne helfen dir dabei, deine Studienziele in die Tat umzusetzen und sorgen dafür, dass du produktiv studieren kannst.
- ✔ Mithilfe eines persönlichen Zeitkontos kannst du eine Bestandsaufnahme deiner täglichen und wöchentlichen Aktivitäten durchführen.
- ✔ Auf deinem Zeitkonto sammelst du alle Aktivitäten samt ihrer jeweiligen Dauer und ermittelst so deine zeitlichen Ressourcen.
- ✔ Für eine ganzheitliche Planung deines Fernstudiums ist es wichtig, langfristige und kurzfristige Ziele zu definieren – und diese von Zeit zu Zeit dynamisch anzupassen.
- ✔ Planungsebenen bauen aufeinander auf und ermöglichen es dir, in verschiedenen Zeiträumen zu planen.
- ✔ Deine Planungsarbeit sollte schriftlich, flexibel und regelmäßig erfolgen.
- ✔ Mit der Salami-Taktik zerlegst du große Ziele und Aufgaben in kleine, überschaubare Teilschritte und arbeitest diese nacheinander ab.
- ✔ Denke ab sofort in Schritten und frage dich bei komplexen Aufgaben regelmäßig: „Was ist der nächste Schritt?“
- ✔ Ein Gantt-Chart ist ein Planungsdiagramm, das die zeitliche Abfolge von Aktivitäten grafisch in Form von Balken auf einer Zeitachse darstellt.
- ✔ Gantt-Charts kannst du in unterschiedlichen Komplexitätsgraden anfertigen; das Planen paralleler Abläufe ist ebenfalls möglich.

KAPITEL 3
Dein Tag

Einleitung

Eine langfristige Strategie ist die Grundlage für ein erfolgreiches Fernstudium. Entscheidend ist jedoch, ob du deine übergeordneten Pläne im Alltag umsetzen kannst – und dazu brauchst du eine produktive Tagesplanung. Nur so kannst du systematisch und regelmäßig an deinen ambitionierten Zielen arbeiten, ohne die Motivation zu verlieren und von der Zusatzbelastung erdrückt zu werden. Denn dein Tagesablauf wird typischerweise nur wenige freie Zeitfenster beinhalten, in denen du dich zurückziehen kannst, um konzentriert für dein Studium zu lernen. Selbst wenn es dir gelingt, hin und wieder ein wenig Zeit freizuschaufeln, wird dein Studienerfolg überschaubar bleiben, solltest du das Ganze nicht zur Gewohnheit werden lassen.

Bei vielen Studierenden besteht das Studium aus Hauruck-Aktionen: Am Anfang sind sie hochmotiviert, setzen sich täglich an den Schreibtisch und gehen jede Übungsaufgabe durch. Dann nimmt die Zielstrebigkeit ab und das Studieren verläuft sich ein wenig. Kurz vor den Prüfungen gibt es dann noch mal einen Schlussspurt, damit jedes Modul so gut es geht bestanden wird. Doch daraus wird häufig nichts. Dein Fernstudium ist nämlich kein Sprint – es ist ein Marathon. Und einen erfolgreichen Marathon schüttelst du nicht einfach so aus dem Ärmel; einen Marathon gewinnst du mit vielen kleinen, kontinuierlichen Schritten. Kleine Aktionen, die zusammen eine mächtige Wirkung entfalten und besser funktionieren als jeder Zwischensprint.

Damit du beim Studieren wirklich am Ball bleibst und dir mittendrin nicht einfach die Puste ausgeht, brauchst du also einen Plan für deinen Alltag. Nur so kannst du dir ausreichend Freiräume organisieren, um dich kontinuierlich weiterzubilden. Darum widmen wir uns in diesem Kapitel dem Planen auf Tagesebene. Wichtig ist dabei: Deine Pläne dürfen niemals statisch sein und dich dadurch einengen. Damit würdest du dich nur selbst unter Druck setzen und letztendlich blockieren. Plane immer flexibel und reagiere auf unerwartete Ereignisse oder neue Rahmenbedingungen. Es gibt nichts Schlimmeres als einen veralteten Plan, von dem du schon direkt weißt, dass er dich nicht weiterbringen wird. Dein Planungsprozess muss sich dynamisch an dein Leben anpassen, sollte dir aber trotzdem Halt und Orientierung geben. Darum musst du regelmäßig planen, neue Ideen entwickeln und alte Pläne verwerfen.

Dazu untersuchen wir zunächst deinen persönlichen Biorhythmus und finden heraus, zu welchen Zeiten du besonders gut lernen kannst – und zu welchen nicht. Sobald wir deine tägliche Leistungskurve kennen, blocken wir aussichtsreiche Zeitfenster. Auf diese Weise sorgen wir für Freiräume, die du für dein Fernstudium nutzen kannst. Damit dein Tagesablauf nicht davon gestört wird, planen wir deine täglichen Aufgaben – und zwar mithilfe der ALPEN-Methode. Solch ein Plan gibt dir Struktur und stellt sicher, dass du gleichermaßen produktiv arbeiten und lernen kannst. Damit sich diese Vorhaben in deinem Leben verankern, sehen wir uns noch an, wie du neue Gewohnheiten bilden und diese Schritt für Schritt in deine täglichen Abläufe einbauen kannst.

In diesem Kapitel lernst du,

- ✔ warum du bei deiner täglichen Planung auf deinen Biorhythmus achten solltest und wie dir das gelingt.
- ✔ wie du dir geschickt Zeit freihalten kannst, um für dein Fernstudium zu lernen.
- ✔ wie du mithilfe der ALPEN-Methode einen produktiven Tagesplan entwickeln kannst.
- ✔ was sich hinter dem Konzept der Non-Zero Days verbirgt und wie du damit neue Mini-Gewohnheiten in deinen Tagesablauf integrieren kannst.

Biorhythmus

Was hat dein Biorhythmus mit deinem Fernstudium zu tun? Ganz einfach: Deine Leistungsfähigkeit ist über den Tag verteilt nicht auf einem konstanten Niveau; sie schwankt und richtet sich nach deiner inneren Uhr, dem sogenannten Biorhythmus. Das heißt: Es gibt Tagesphasen, in denen du sehr produktiv bist und konzentrierter arbeiten kannst als sonst. Es gibt aber auch Zeiten, in denen du gar nichts auf die Reihe bekommst und anspruchsvolle Denkarbeit das Letzte ist, was du tun solltest. Solche Schwankungen spiegeln sich in deiner Leistungskurve wider. Diese Kurve zeigt dir, zu welcher Tageszeit sich deine Leistungsfähigkeit über oder unter deinem Grundniveau von 100 Prozent befindet. Damit kannst du direkte Rückschlüsse auf deine Konzentration und Motivation ziehen und besser abschätzen, wann du dich mit deinem Fernstudium beschäftigen solltest – oder eben nicht. Für einen sogenannten Morgenmenschen könnte ein typischer Tagesverlauf so aussehen:

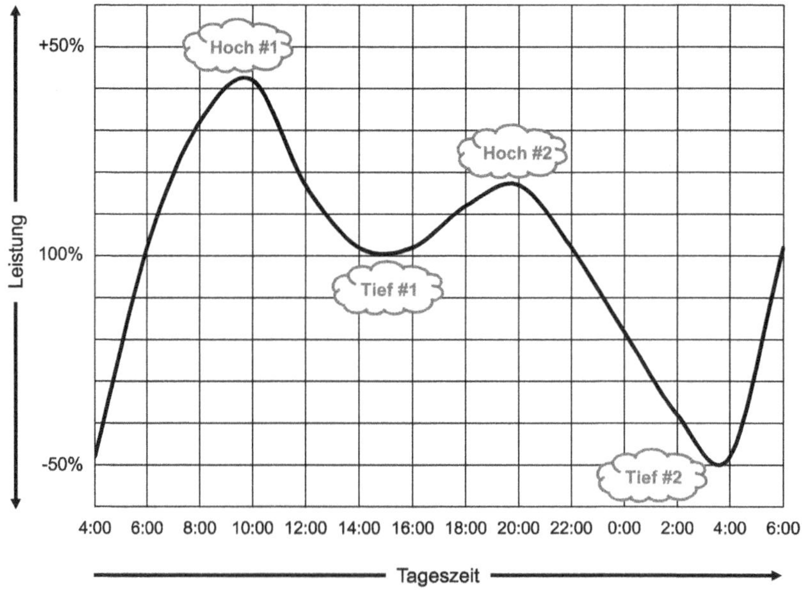

Ab 6:00 Uhr steigt die Leistungsfähigkeit an und erreicht ein erstes Hoch gegen 10:00 Uhr. Danach fällt die Kurve ab und leitet gegen 14:00 Uhr das Mittagstief ein. Abends gegen 20:00 Uhr entsteht noch ein zweites Hoch, bevor es dann Richtung Bett und Tiefschlafphase geht. Insgesamt gibt es also jeweils zwei dominante Hochs und Tiefs in diesem Tagesablauf.

Jeder Mensch hat einen individuellen Biorhythmus und seine ganz persönliche Leistungskurve. Vorgefertigte Konzepte wie das Beispiel von oben kannst du daher nicht eins zu eins übernehmen. Doch zum Glück gibt es neben diesem Exemplar noch unzählige weitere Variationen einer Leistungskurve: Sie kann noch weiter nach rechts verschoben sein und selbstverständlich auch mehr oder weniger als zwei Hochs und Tiefs besitzen. Die Schwankungen können außerdem stärker oder schwächer ausfallen. Es gibt unendlich viele Möglichkeiten. Je nachdem, wie dein Alltag aussieht und dein persönlicher Biorhythmus ausgeprägt ist.

Keine Leistungskurve ist an sich gut oder schlecht – keine Version ist besser als eine andere. Sie sind einfach verschieden. Wichtig ist nur, dass du deine Leistungskurve kennst und deine Hochs und Tiefs klug nutzt. Dabei legst du anspruchsvolle Aufgaben in deine Hochphasen und arbeitest dann an wichtigen Projekten, wenn deine Leistungsfähigkeit am stärksten ausgeprägt ist. Diese Zeiten könntest du dir zum Beispiel auch für deine Weiterbildung freihalten, damit du möglichst effizient lernen kannst – falls es Beruf, Familie und deine anderen Verpflichtungen zulassen.

Wenn du dich hingegen in einem Leistungstief befindest, solltest du nicht gegen deinen biologischen Rhythmus ankämpfen, sondern versuchen zu entspannen und diese Phase für Routineaufgaben und soziale Kontakte nutzen. Mit deinem Fernstudium solltest du dich in diesen Zeiten eher nicht beschäftigen, weil du wahrscheinlich schlechte Lernergebnisse erzielen wirst und schneller an deine Frustrationsgrenze gelangst. Sobald du deinen Tagesrhythmus kennst und deine Aktivitäten entsprechend einteilst, wirst du deutlich effizienter handeln als vorher. Außerdem sparst du damit Zeit und Energie.

✿ Anleitung

Wenn du beim Lernen deinen Biorhythmus berücksichtigst, arbeitest du effizienter und motivierter. Dazu musst du deine eigene Leistungskurve finden und wissen, wann deine Hoch- und Tiefphasen sind. Nutze dazu ein Gitternetz wie aus dem vorherigen Diagramm und notiere für jede Uhrzeit den Eindruck deiner Leistungsfähigkeit. Du kannst dazu auch die Vorlagen aus dem Bonusmaterial (S. 172) benutzen.

Zugegeben: Dieses Vorgehen ist keine exakte Wissenschaft, doch es führt zu passablen Ergebnissen, die dich schnell weiterbringen. Diese Fragen helfen dir zusätzlich dabei, deine Leistungskurve genauer zu definieren:

- ✔ Wann stehst du auf?
- ✔ Zu welchen Zeiten kannst du dich gut konzentrieren?
- ✔ Wann fällt es dir leicht, mit der Arbeit anzufangen?
- ✔ Wann bist du besonders produktiv?
- ✔ Zu welchen Zeiten machst du Pause?
- ✔ Wann isst du?
- ✔ In welchen Phasen am Tag läuft bei dir gar nichts?
- ✔ Wann bist du häufig abgelenkt und unaufmerksam?
- ✔ Gibt es Zeiten, in denen du viele Fehler machst?
- ✔ Zu welchen Zeiten hast du Lust auf soziale Kontakte?
- ✔ Wie viele Hochs und Tiefs hast du über den Tag verteilt?
- ✔ Wann sehnst du dich nach Erholung und Ablenkung?
- ✔ Wann gehst du ins Bett?

Versuche, deine Leistungsfähigkeit im Laufe des Tages bewusst zu beobachten und halte fest, wann du dich in welchem Zustand befindest. Schon nach kurzer Zeit wirst du wiederkehrende Muster erkennen und deinen Biorhythmus besser verstehen.

★ Beispiel

Zur Bestimmung deiner Leistungskurve reicht es manchmal schon aus, wenn du dir ein paar grundlegende Gedanken zu deiner Arbeitsweise und deiner Tagesform machst: Zu welchen Zeiten bist du besonders fokussiert? Wann kannst du keinen klaren Gedanken fassen? Wenn du zum Beispiel nicht zur Morgenmenschfraktion gehörst, ist deine Leistungskurve automatisch horizontal verschoben – und mit ihr deine Hochs und Tiefs. Deine erste produktive Phase beginnt dann nicht morgens um 6:00 Uhr, sondern am späten Vormittag. Ähnlich könnte es am Wochenende sein, falls du vorhast, samstags oder sonntags für dein Fernstudium zu lernen. Unter Berücksichtigung deiner Leistungskurve kannst du dann besonders effizient sein:

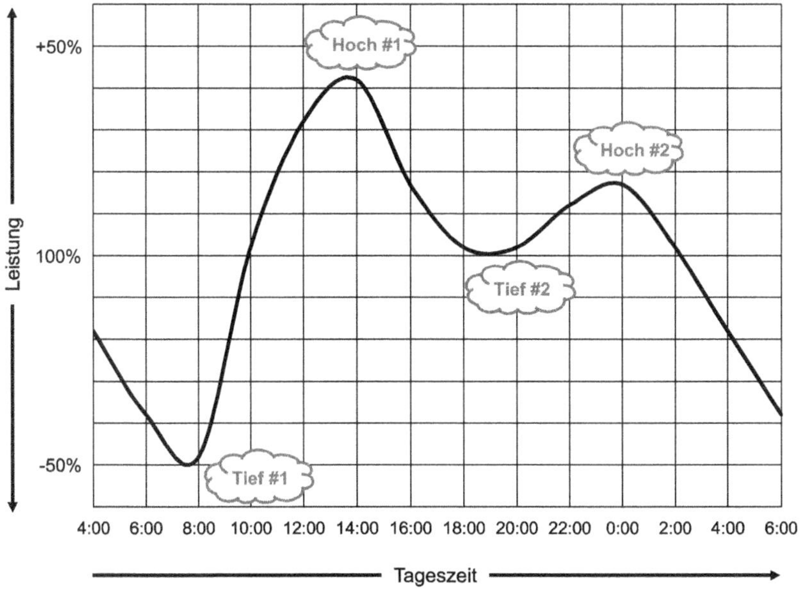

✎ Aufgabe

Bestimme deine persönliche Leistungskurve und finde heraus, in welchen Zeiten du besonders konzentriert für dein Fernstudium lernen kannst!

Time Blocking

Nachdem ein erster Entwurf deiner persönlichen Leistungskurve steht, werfen wir einen Blick in deinen Terminkalender. Einen kritischen Blick wohlgemerkt, denn: Die meisten Kalender gleichen einem Flickenteppich. Das liegt häufig daran, dass Aufgaben nicht systematisch, sondern willkürlich geplant werden – falls überhaupt eine Planung stattfindet. In der Regel werden unterschiedliche To-dos irgendwelchen Zeiten zugeordnet und dann wahllos aneinandergehängt. Mit einer effizienten Struktur hat das wenig zu tun. Viel geschickter ist es hingegen, ähnliche Aufgaben in Zeitblöcken zusammenzulegen, diese der Priorität nach zu ordnen und dann konzentriert abzuarbeiten. Dieses Vorgehen wird als „Time Blocking" bezeichnet und kann dafür sorgen, dass dein Kalender übersichtlich bleibt und deine Effizienz ansteigt. Dadurch sparst du Zeit, die du für dich und deine berufsbegleitende Weiterbildung nutzen kannst. Dazu eine Gegenüberstellung:

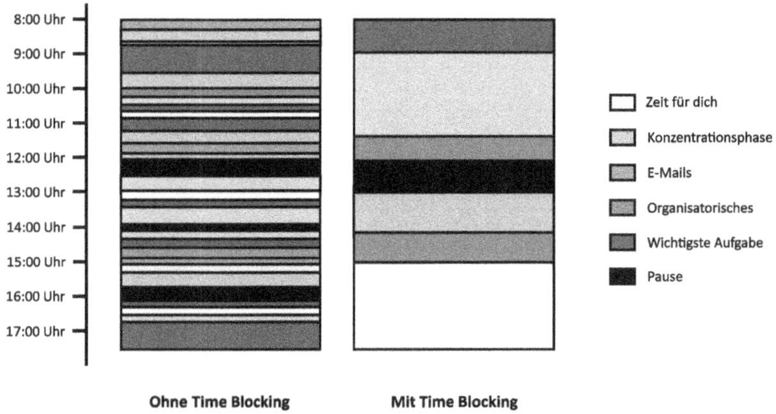

Ohne Time Blocking sieht dein Kalender in diesem Beispiel aus wie ein Barcode. Viele kleine unterschiedliche Aufgaben wechseln sich ab. Ständig springst du von einer Aktivität zur nächsten. Und jedes Mal musst du dich neu eindenken und verlierst dadurch Zeit. Konzentriertes Arbeiten ist so kaum möglich. Mit Time Blocking entwirrst du deine zeitliche Planung. Nun liegen große Aufgabenblöcke vor dir, die du fokussiert erledigen kannst.

Außerdem orientiert sich die Bearbeitungsreihenfolge an deinen Prioritäten und deinem Biorhythmus. Du beginnst mit deiner wichtigsten Aufgabe, legst eine Konzentrationsphase in dein erstes Tageshoch, absolvierst Routinetätigkeiten während des Mittagstiefs und nutzt dein zweites Hoch am Nachmittag optimal für dein Fernstudium. Dabei ist es wichtig, dass du diesen freien Zeitblock konsequent planst und reservierst. Du vereinbarst sozusagen einen Termin mit dir selbst. Es ist kein Vorschlag oder eine unverbindliche Idee – es ist ein fester Termin für dich und dein Studium. Wenn es geht: jeden Tag. Absagen ist nicht erlaubt, Verschieben auch nicht. Allein die Uhrzeit ist flexibel: Du kannst die Zeit für dein Fernstudium beispielsweise auch morgens einplanen oder in die Abendstunden legen – wichtig ist nur, dass du dich daran hältst. Hier noch ein Beispiel, wie das im Laufe einer Arbeitswoche aussehen könnte, wenn du täglich etwas für dein Fernstudium tun möchtest:

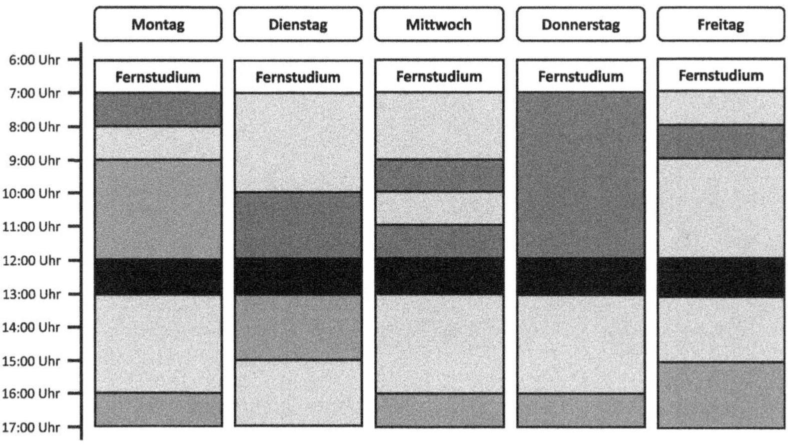

In diesem Fall dauert die tägliche Fernstudium-Investition ca. eine Stunde und findet jeden Morgen zur gleichen Uhrzeit statt. Unabhängig davon, wie deine restliche Tagesplanung aussieht, sind täglich ab 6:00 Uhr 60 Minuten für dich reserviert, in denen du konzentriert denken und lernen kannst. Zusätzlich könntest du noch deine Wochenenden einplanen, um dir an Arbeitstagen etwas mehr Freiheiten zu ermöglichen.

✿ Anleitung

Wenn du die Time-Blocking-Methode zum ersten Mal anwendest, empfiehlt es sich, schrittweise vorzugehen: Zuerst optimierst du deinen Kalender, indem du Ordnung in deine täglichen Aufgaben und Verpflichtungen bringst. Nachdem du eine neue Blockstruktur erstellt hast, widmest du dich deinem Fernstudium und bestimmst einen geeigneten Termin für deine tägliche Weiterbildungsmaßnahme. Ordnen wir zunächst deinen Kalender:

Schritt 1: Bestimme deine Aufgaben!

- ✔ Welche Aufgaben und Aktivitäten solltest du in deiner Planung berücksichtigen?

Schritt 2: Weise jeder Aufgabe eine Dauer oder eine Deadline zu!

- ✔ Wie lange möchtest du an der Aufgabe arbeiten? Wann muss die Aufgabe erledigt sein?

Schritt 3: Fasse deine Aufgaben in Blöcken zusammen!

- ✔ Welche Aufgaben können in Blöcken organisiert werden? Welche Dauer haben die einzelnen Blöcke?

Schritt 4: Trage die Blöcke in deinen Kalender ein!

- ✔ Wann kannst du dich um die einzelnen Blöcke kümmern? Hast du alle Aufgaben, Pausen und Pufferzeiten berücksichtigt?

Jetzt ist dein Fernstudium an der Reihe. Dazu bestimmen wir einen festen Termin, der zu deinen täglichen Strukturen passt und an dem du besonders konzentriert arbeiten kannst. Die folgenden Fragen helfen dir dabei:

- ✔ Zu welchen Zeiten kannst du dich zum Lernen zurückziehen und einen Termin für dein Fernstudium freihalten?
- ✔ Wann bist du besonders konzentriert und kannst dich gut auf dein Fernstudium einlassen?
- ✔ An welchen Orten könntest du deine Lerneinheiten durchführen?

- ✔ Mit welchen Personen (Chefin, Kollegen, Kunden, Partnerin, Kinder, Mitbewohner etc.) solltest du dich abstimmen, damit du während dieser Zeit nicht gestört wirst?
- ✔ Welche Maßnahmen könntest du ergreifen, um während deiner Weiterbildung fokussiert zu bleiben?

Mithilfe dieser Leitfragen kannst du Termine für dein Fernstudium festlegen und diese in deinem Kalender reservieren. Wenn du nach ein paar Wochen merkst, dass die Zeiten nicht optimal sind, kannst du nachjustieren.

★ Beispiel

Beim Time Blocking kommt es auf deine individuelle Tagesstruktur und dein Umfeld an. Welchen Platz dein Fernstudium hier einnimmt, hängt von vielen Faktoren ab – besonders aber von der Bedeutung, die du deiner Weiterbildung beimisst. In folgendem Beispiel wurden variable Lerneinheiten berücksichtigt; außerdem ist mit dem Dienstag ein „freier" Tag integriert:

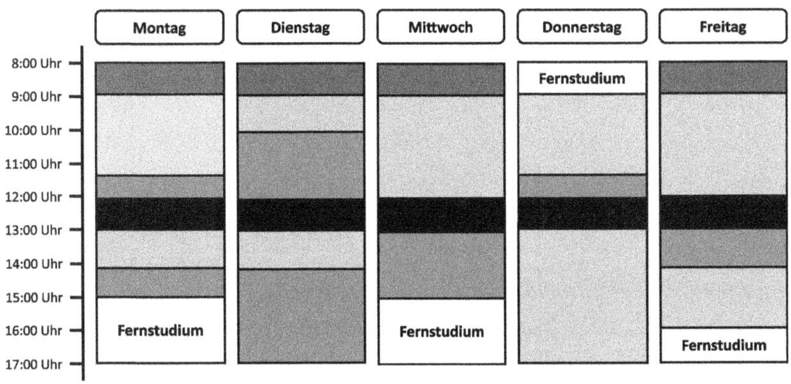

✎ Aufgabe

Wende das Prinzip des Time Blocking an, organisiere deinen Kalender und reserviere einen regelmäßigen Termin für dein Fernstudium!

ALPEN-Methode

Damit deine Studienplanung im hektischen Alltag nicht untergeht, brauchst du ein Selbstmanagement, das all deine Aufgaben und Verpflichtungen berücksichtigt. Nur, wenn du alle Lebensbereiche gemeinsam organisierst, stellst du sicher, dass einzelne Aspekte (wie zum Beispiel dein Fernstudium) nicht zu kurz kommen. Für eine realistische Tagesplanung, die es dir ermöglicht, gleichermaßen fokussiert und flexibel zu bleiben, kannst du die ALPEN-Methode einsetzen. Dieses Konzept von Lothar Seiwert besteht aus fünf Planungsstufen und erfordert nicht viel Zeit in der Umsetzung.

Das verbirgt sich hinter der ALPEN-Methode:

- ✔ A: Aufgaben und Termine aufschreiben
- ✔ L: Länge (Dauer) der Aktivitäten schätzen
- ✔ P: Pufferzeiten einplanen
- ✔ E: Entscheidungen treffen
- ✔ N: Nachkontrolle durchführen

Bei der ALPEN-Methode sammelst du zuerst alle Aufgaben und Termine, die du an dem betreffenden Tag erledigen möchtest, in einer Liste. Wichtig ist hierbei, dass du deine Planung schriftlich vornimmst. Sei dabei nicht zu oberflächlich, sondern notiere wirklich jedes To-do, das du erledigen möchtest. Als Nächstes schätzt du die Dauer jeder Aktivität ab. Dafür kannst du auf Erfahrungswerte zurückgreifen oder Vergleiche zu ähnlichen Aufgaben ziehen (allgemein gilt: lieber konservativ schätzen und mehr Zeit einplanen). Ergänze dazu deine Aufgabenliste und vermerke hinter jeder Aktivität die geschätzte Dauer. Nach diesem Schritt wird oft schon deutlich: Deine Liste ist zu voll! Du kannst gar nicht alle Aufgaben an einem einzigen Tag schaffen – du musst aussortieren.

Und damit kommen wir zum nächsten Punkt der ALPEN-Methode: den Pufferzeiten. Egal, wie gut deine Tagesplanung aussieht, sie wird nie zu 100 Prozent aufgehen. Deswegen musst du beim Zusammenstellen deiner täglichen To-dos Pufferzeiten einplanen. Eine bekannte Faustregel aus der Fachliteratur lautet dazu: Verplane nur 50 bis 60 Prozent deiner Arbeitszeit und reserviere den Rest für Unerwartetes. Das wirkt auf den ersten Blick sehr vorsichtig und unproduktiv, die Erfahrung zeigt jedoch: Zeitfresser, Prokrastination, unerwartete Ereignisse, Ablenkungen und Störungen stehlen mehr von unserer Zeit, als wir zunächst wahrnehmen. Pufferzeiten helfen dir, damit umzugehen und geben dir Spielraum. Spielraum, den du im Zweifel auch zur Regeneration zwischen deinen Aufgaben oder zum Lernen nutzen kannst.

Nachdem du nun deine Aufgaben (mit jeweiliger Dauer) kennst und dir 50 Prozent deines Tages reserviert hast, musst du entscheiden, welche Aufgaben es von der Liste in deinen Tagesplan schaffen. An dieser Stelle kannst du erneut mit Blöcken arbeiten und dich auf deine wichtigsten Herausforderungen konzentrieren. Setze kluge Prioritäten und entscheide dich bewusst für die Aufgaben, die dich wirklich weiterbringen. Ganz wichtig: Vergiss dabei nicht, deinem Fernstudium einen entsprechenden Termin zuzuordnen. Die restlichen Aufgaben, To-dos und Termine müssen verschoben, gestrichen oder in entstehenden Leerzeiten abgearbeitet werden. Das mag hart klingen, aber so vermeidest du eine Überfrachtung deines Kalenders und sorgst dafür, dass du leistungsfähig und motiviert bleibst.

Nach diesem Selektionsprozess steht dein neuer Tagesplan fest. Im letzten Schritt führst du nun eine kritische Kontrolle deiner Tagesplanung durch. Dabei solltest du ehrlich und objektiv vorgehen, damit deine Planung den größtmöglichen Nutzen für dich erbringt. Frage dich regelmäßig:

- ✔ War meine Planung realistisch?
- ✔ Habe ich mir zu viel vorgenommen?
- ✔ Konnte ich Aufgaben und Zeiten richtig einschätzen?
- ✔ An welchen Stellen gab es zuletzt Probleme?

Nach dieser Prüfung kannst du dich auf eine zuverlässige Tagesplanung freuen, die dich entlasten und produktiv durch den Tag führen wird.

✿ Anleitung

Die ALPEN-Methode ist ein einfaches und flexibles Werkzeug, mit dem du schnell einen klugen Tagesplan erstellen kannst. Nach nur fünf Schritten bist du fertig:

Schritt 1: Schreibe deine Aufgaben und Termine auf!

- ✔ Was steht auf deiner To-do-Liste?

Schritt 2: Schätze die Länge (Dauer) der Aktivitäten!

- ✔ Wie lange dauern deine einzelnen Aufgaben und Termine?

Schritt 3: Plane Pufferzeiten ein!

- ✔ Verplane maximal 50 bis 60 Prozent deiner Arbeitszeit!

Schritt 4: Triff Entscheidungen!

- ✔ Welche Aufgaben schaffen es auf deinen Tagesplan?

Schritt 5: Führe eine Nachkontrolle durch!

- ✔ Ist dein Plan sinnvoll und ausgewogen?

Die ALPEN-Methode ist ein dynamischer Prozess: Nach Schritt 5 geht es wieder bei Schritt 1 los und die Ergebnisse beeinflussen sich gegenseitig. Achte daher darauf, dass du nicht in eine endlose Planungsschleife gerätst. Beende deine Tagesplanung, wenn diese gut genug ist – Perfektion ist nicht nötig.

★ Beispiel

Dein Tagesplan hängt stark von den gegebenen Rahmenbedingungen und deiner aktuellen Form ab. Es wird zum Beispiel häufig Termine und Fristen geben, die du nicht verschieben kannst und deshalb zwangsweise in deiner Planung berücksichtigen musst. Weiterhin wirst du an einigen Tagen leistungsfähiger und motivierter sein als an anderen. Diese Schwankungen gilt es ebenfalls zu berücksichtigen, wenn du mit der ALPEN-Methode arbeitest. Zur Verdeutlichung der Schritte schauen wir uns ein Beispiel an:

Schritte 1 und 2: Aufgaben aufschreiben/Dauer schätzen

- ✔ Kundengespräch führen (30 Minuten)
- ✔ Einarbeitung in die neue Software (45 Minuten)
- ✔ Zeit fürs Fernstudium (45 Minuten)
- ✔ Kollegin zurückrufen (15 Minuten)
- ✔ E-Mails beantworten (30 Minuten)
- ✔ Bewerbungsunterlagen durchsehen (45 Minuten)
- ✔ Projektbericht schreiben (90 Minuten)

Schritt 3: Pufferzeiten einplanen

- ✔ Du hast acht Stunden (480 Minuten) zur Verfügung. Davon verplanst du 50 Prozent (also 240 Minuten).

Schritt 4: Entscheidungen treffen

- ✔ Projektbericht schreiben (90 Minuten)
- ✔ Zeit fürs Fernstudium (45 Minuten)
- ✔ Kundengespräch führen (30 Minuten)
- ✔ E-Mails beantworten (30 Minuten)
- ✔ Einarbeitung in die neue Software (45 Minuten)

Schritt 5: Nachkontrolle

- ✔ Ist dein Plan sinnvoll und ausgewogen?

✎ Aufgabe

Plane deinen nächsten Tag mithilfe der ALPEN-Methode und durchlaufe die fünf Schritte!

Non-Zero Days

Alle großen Lebensziele – und dazu zählt auch dein angepeilter Studienabschluss – haben eines gemeinsam: Sie lassen sich nicht im Vorbeigehen erreichen. Von heute auf morgen ist noch niemand zum Millionär geworden, hat seinen Traumkörper bekommen oder einen Bachelorabschluss erarbeitet. Egal, auf welches Projekt du dich im Moment am meisten konzentrierst: Erfolg ist eine Frage der Gewohnheit. Und wenn du in deinem Fernstudium erfolgreich sein möchtest, musst du Verhaltensmuster entwickeln, die dich dabei unterstützen. Das Konzept der Non-Zero Days kann dir dabei helfen und liefert die perfekte Basis, um vielversprechende Gewohnheiten in deinem Alltag zu etablieren.

Ein Non-Zero Day ist ein Tag, an dem du nicht nichts machst. Also ein Tag, an dem du wenigstens ein klitzekleines bisschen für dein Ziel arbeitest. Es muss nicht viel sein, aber mehr als nichts – mehr als null (daher der Name). Non-Zero Days sind ein relativ neues Konzept aus der Produktivitätsforschung und in Deutschland bisher kaum bekannt. Ihre Wirkung ist jedoch belegt: Dadurch, dass du Non-Zero Days in deinen Alltag integrierst, ist es einfacher für dich, Gewohnheiten erfolgreich aufzubauen und ein kraftvolles Momentum aufrecht zu erhalten. Tage, an denen du faulenzt und deine Zeit komplett mit Nebensächlichkeiten verbringst, gehören damit der Vergangenheit an. Gleichzeitig musst du dich aber nicht zu einer unmenschlichen Studiermaschine entwickeln, denn kleine Aktionen reichen aus, um deine Non-Zero-Mission am Laufen zu halten.

Die Erfolgsformel lautet:

- ✔ Lerne nur ein kleines bisschen – dafür aber jeden Tag.

Mit diesem Leitsatz wirst du deine Arbeitsweise revolutionieren. Wenn du nur jeden Tag ein paar Minuten deiner Zeit investierst, wirst du um ein Vielfaches erfolgreicher, glücklicher und stressfreier sein als je zuvor. Außerdem behältst du deine Ziele jeden Tag im Auge und machst dir bewusst, warum du tust, was du tust. Dadurch wächst deine Motivation automatisch und du gehst dein Fernstudium zielstrebiger an. Damit sind Non-Zero Days perfekt für Menschen, die hohe Ziele verfolgen, gleichzeitig aber ein großes Bedürfnis nach Freizeit haben. Du musst unterm Strich nicht viel mehr arbeiten, bekommst aber einen deutlich höheren Ertrag, da sich deine Non-Zero-Einheiten über die Zeit summieren.

Am besten funktionieren diese Mini-Gewohnheiten übrigens, wenn du sie an andere Routineaufgaben koppelst. Dazu direkt ein paar Beispiele, wie du einen neuen Non-Zero Day für dein Leben ausrufen könntest:

- ✔ Nach dem Aufstehen gehe ich direkt an den Schreibtisch und lerne 30 Minuten für mein Fernstudium!
- ✔ Nach dem Frühstück lese ich 15 Minuten in meinem Studienheft und fasse die wichtigsten Inhalte zusammen!
- ✔ In meiner Mittagspause sehe ich mir ein Erklärvideo zu den Inhalten aus meinem Fernstudium an!
- ✔ Bevor ich am Nachmittag das Büro verlasse, gehe ich alle neuen Karteikarten durch!
- ✔ Nach dem Abendessen schreibe ich 60 Minuten an dem Kapitel meiner Hausarbeit!
- ✔ Bevor ich ins Bett gehe, sehe ich mir ein Online-Seminar an!

Durch diese Verbindungen zu bestehenden Gewohnheiten verankern sich deine neuen Verhaltensmuster fest in deinem Tagesrhythmus und laufen bald ganz von allein ab – ohne, dass du etwas dafür tun musst.

Mit Non-Zero Days kommst du deinen Zielen Schritt für Schritt näher und gewinnst so jeden Fernstudienmarathon. Gleichzeitig kommst du auf diese Weise entspannter ins Ziel. Alles, was du dazu brauchst, ist ein bisschen Planung und Durchhaltevermögen. Denk dran: Arbeite einfach nur ein kleines bisschen an deiner Weiterbildung – dafür aber jeden Tag.

⚙ Anleitung

Non-Zero Days kannst du beliebig häufig einsetzen und auf jedes Studienziel anwenden, das du in kleine Zwischenschritte unterteilen kannst. Auch bei komplexen Aufgaben kann der Einsatz von Non-Zero Days sinnvoll sein, weil du damit produktive Gewohnheiten aufbaust, die dir langfristig zugutekommen. Halte dich bei der Umsetzung an diese Schritte:

Schritt 1: Lege ein Ziel fest!

- ✔ Was möchtest du erreichen?

Schritt 2: Bestimme eine Aufgabe, um dein Ziel zu erreichen!

- ✔ Was musst du dafür tun? Welche Schritte sind nötig?

Schritt 3: Nimm dir vor, jeden Tag für dieses Ziel zu arbeiten!

- ✔ Warum machst du das? Was bringt es dir?

Schritt 4: Wähle eine feste, aber kurze tägliche Zeitspanne!

- ✔ Wie viel Zeit brauchst du mindestens?

Schritt 5: Reserviere dir jeden Tag ein kleines bisschen Zeit!

- ✔ Wann kannst du ein paar Minuten investieren?

Dein Plan ist also: Ziel festlegen, Aufgabe bestimmen, Motivation herausstellen, Zeitspanne wählen, Zeitpunkt festlegen – und los! Am besten reservierst du noch einen entsprechenden Termin in deinem Kalender, um für noch mehr Verbindlichkeit zu sorgen.

★ Beispiel

Damit Non-Zero Days ihre volle Wirkung entfalten, musst du sie gewissenhaft planen. Nur, wenn du deine Mini-Aktionen in deinen Alltag einbaust, wirst du sie dauerhaft umsetzen können. Achte besonders am Anfang darauf, dass du deinen Non-Zero-Plan einhältst. So werden dir deine neuen

Verhaltensmuster bereits nach kurzer Zeit in Fleisch und Blut übergehen. Zur Inspiration noch drei Beispiele.

Non-Zero Day: Täglich lernen

- ✔ Ziel: Ich möchte meine Prüfung bestehen.
- ✔ Aufgabe: Ich lerne täglich mit den Studienskripten.
- ✔ Motivation: Vorteile im Berufsleben.
- ✔ Zeitspanne: 30 bis 60 Minuten pro Tag.
- ✔ Zeitpunkt: Jeden Morgen um 6:30 Uhr.

Non-Zero Day: Täglich lesen

- ✔ Ziel: Ich möchte pro Monat ein Buch lesen.
- ✔ Aufgabe: Ich lese jeden Tag mindestens ein Kapitel.
- ✔ Motivation: Meine Allgemeinbildung wird besser.
- ✔ Zeitspanne: 20 bis 30 Minuten pro Tag.
- ✔ Zeitpunkt: Jeden Abend vor dem Einschlafen.

Non-Zero Day: Täglich planen

- ✔ Ziel: Ich möchte produktiver arbeiten und lernen.
- ✔ Aufgabe: Ich plane meinen Tag im Voraus.
- ✔ Motivation: Ich bin weniger gestresst und schaffe mehr.
- ✔ Zeitspanne: 5 bis 10 Minuten pro Tag.
- ✔ Zeitpunkt: Jeden Morgen nach dem Frühstück.

✎ **Aufgabe**

Bestimme ein Ziel und lege eine passende Strategie mit der Non-Zero-Day-Methode fest, um ab sofort jeden Tag ein bisschen daran zu arbeiten!

Zusammenfassung

In diesem Kapitel hast du gelernt, wie du einen effizienten Tagesplan erstellst und dein Fernstudium kurzfristig organisieren kannst. Dazu haben wir aussichtsreiche Zeiten für deine Lerneinheiten herausgefunden und diese Zeitfenster geblockt. Außerdem weißt du nun, wie du jeden Tag im Voraus planen und kontinuierlich an deinen Zielen arbeiten kannst:

- ✔ Dein Biorhythmus spiegelt deine persönliche Leistungsfähigkeit wider und zeigt dir, in welchen Phasen des Tages du besonders produktiv und fokussiert bist.
- ✔ An deiner individuellen Leistungskurve kannst du ablesen, wann du besonders gut für dein Fernstudium lernen kannst – und wann nicht.
- ✔ Zeit für dein Fernstudium erhältst du nur, indem du Freiräume in deinem Alltag schaffst.
- ✔ Mithilfe von Time Blocking kannst du ähnliche Aufgaben in Zeitblöcken zusammenlegen, diese der Priorität nach ordnen und dann konzentriert abarbeiten.
- ✔ Vereinbare regelmäßige Termine mit dir selbst, um dich in dieser Zeit konzentriert mit deinem Fernstudium auseinanderzusetzen.
- ✔ Im Rahmen solcher Termine kapselst du dich für einen festgelegten Zeitraum von deiner Umwelt ab und lernst in einem Zustand höchster Konzentration.
- ✔ Die ALPEN-Methode beschreibt ein fünfstufiges Konzept, mit dem du einen produktiven Tagesplan entwickeln kannst.
- ✔ Die fünf Schritte der ALPEN-Methode lauten: Aufgaben und Termine aufschreiben, Länge (Dauer) der Aktivitäten schätzen, Pufferzeiten einplanen, Entscheidungen treffen und Nachkontrolle durchführen.
- ✔ Ein Non-Zero Day ist ein Tag, an dem du nicht nichts machst – also ein Tag, an dem du wenigstens ein kleines bisschen für eines deiner Ziele arbeitest und damit eine produktive Gewohnheit verstärkst.

KAPITEL 4
Dein Fokus

Einleitung

Mit einer soliden Planung sorgst du für Sicherheit und Orientierung. Doch selbst die besten Pläne bringen dir nichts, wenn du sie nicht in die Tat umsetzt. Du darfst dich nicht auf die Theorie beschränken – du musst handeln und deine Vorhaben Schritt für Schritt Realität werden lassen. Das gilt insbesondere für dein Fernstudium. Und wenn du dabei auch noch produktiv sein möchtest, musst du dich fokussieren. Beschäftige dich nicht mit zu vielen Dingen gleichzeitig, sondern konzentriere dich immer nur auf eine einzige Aufgabe, die in diesem Moment vor dir liegt. Deine volle Aufmerksamkeit muss auf die aktuelle Situation gerichtet sein.

Viele Herausforderungen, denen du während deines Fernstudiums begegnen wirst, sind komplex und wirken auf den ersten Blick abschreckend. Du wirst viele neue Themengebiete lernen, abstrakte Theorien verstehen und spezifisches Fachwissen aufnehmen müssen. All das lässt sich nicht nebenbei erledigen. Um diesen Aufgaben gerecht zu werden, musst du dich vielmehr erst in diese Aufgaben hineindenken, sie planen, ausprobieren, von vorn beginnen, wiederholen und so weiter. Wenn du dabei unaufmerksam bist und deine Anstrengungen nicht bündelst, wirst du wertvolle Zeit, Energie und Motivation verschwenden. Gewöhne dir daher an, deine mentalen Kräfte zu konzentrieren und niemals parallel an mehreren Baustellen zu arbeiten.

Darum ist es wichtig, im Alltag kluge Prioritäten zu setzen. Du musst bestimmen, welche deiner Aufgaben am wichtigsten ist, welches Vorhaben auf Platz 2 folgt und so weiter. Nur auf diese Weise schaffst du Klarheit und weißt, welche Aktivität deine höchste Aufmerksamkeit verdient. Leider ist dieses Vorgehen nicht ansatzweise so einfach, wie es zunächst klingt. In deinem privaten und beruflichen Alltag stehen dir jeden Tag gefühlt unendlich viele Chancen und Handlungsmöglichkeiten offen. Täglich kommen neue persönliche Ziele dazu und fordern ihren Platz in deinem Kalender ein. Von den ungeplanten Dingen, die spontan erledigt werden müssen, ganz zu schweigen. Damit dich diese Arbeitslawine nicht überrollt und du trotzdem noch genug Zeit für dein Fernstudium findest, musst du eine kluge Vorauswahl treffen und Prioritäten setzen – das heißt: abwägen, welches Vorhaben zuerst kommt und was nach hinten verschoben werden kann. Deshalb ist es essenziell, dass du Wichtiges von Unwichtigem unterscheiden kannst. Du musst deine Zeit für die großen Aufgaben einsetzen, die dich wirklich weiterbringen, und damit aufhören, Stunde für Stunde mit belanglosem Kleinkram zu verschwenden. Wie dir das gelingen kann, erfährst du in diesem Kapitel.

Dazu sehen wir uns zunächst die Eat-the-Frog-Methode an und schaffen eine Grundlage, damit du jeden Tag fokussiert beginnen kannst. Anschließend finden wir heraus, welche Aufgaben und Herausforderungen aktuell deine höchste Aufmerksamkeit bekommen sollten – in deinem Fernstudium, aber auch in allen anderen Lebensbereichen. Danach untersuchen wir, welche deiner Aktivitäten die größte Wirksamkeit auf die Erreichung deiner Ziele haben. Auf diese Weise lassen sich neue Prioritäten ableiten. Letztendlich richten wir den Fokus auf deine tägliche To-do-Liste und stellen sicher, dass du dich zukünftig wirklich nur um deine wichtigsten Aufgaben kümmerst.

In diesem Kapitel lernst du,

- ✔ warum du jeden Tag mit deiner wichtigsten Aufgabe beginnen solltest und wie dir das gelingt.
- ✔ wie du deine wichtigste Aufgabe in deinem Fernstudium und in jedem anderen Lebensbereich bestimmen kannst.
- ✔ warum nur wenige Aufgaben und Ziele für einen großen Teil deines Erfolgs verantwortlich sind.
- ✔ wie du deine To-do-Liste ordnen und deine Prioritäten dynamisch anpassen kannst.

Eat-the-Frog-Methode

Die meisten Menschen beginnen ihren Tag mit leichten Dingen. Anstatt mit den wichtigen Aufgaben anzufangen, wollen sie erst mal „reinkommen" und sich für die großen Herausforderungen „warm machen". Wenn du ehrlich zu dir selbst bist, wirst du feststellen, dass du deinen Tag ebenfalls häufig mit Kleinkram beginnst: Erst mal die E-Mails checken, anschließend vielleicht ein paar Unterlagen sortieren, dann einen Kaffee trinken und so weiter. Nur die wenigsten starten den Tag direkt mit dem dicksten Brocken auf der To-do-Liste – mit der Aufgabe, die den größten Einfluss auf die eigenen Ziele hat. Das Problem ist: Die kleinen, leichten Dinge lenken dich ab. Sie geben dir zwar ein gutes Gefühl (weil du schnell ein „Erfolgserlebnis" einfahren kannst), aber sie hindern dich daran, deinen großen Zielen näherzukommen. Um dieses lästige Aufschieben zu unterbinden, liefert die Eat-the-Frog-Methode von Brian Tracy die perfekte Herangehensweise. Ihr Grundprinzip lautet:

- ✔ Mache es dir zur Gewohnheit, jeden Morgen zuerst die wichtigste Aufgabe anzugehen, bevor du irgendetwas anderes tust – ohne lange darüber nachzudenken!

Das Prinzip basiert auf der amerikanischen Metapher: „Eat the frog!", was so viel bedeutet wie:

- ✔ Wenn man jeden Morgen einen Frosch zum Frühstück isst, hat man das Schlimmste hinter sich – und kann sich sicher sein, dass einem nichts Schlimmeres mehr passieren wird.

Dein Frosch ist deine schwierigste und wichtigste Aufgabe, von der du dir die größten positiven Auswirkungen auf dein Leben versprichst. Gleichzeitig ist es die Aufgabe, bei der du am stärksten dazu neigst, sie aufzuschieben. Obwohl der starke Widerspruch an dieser Stelle (wichtige Aufgabe vs. hohes Aufschiebepotenzial) zu anfänglichen Problemen führen kann, ist die Belohnung für dich umso größer: Fängst du morgens direkt mit deiner unangenehmsten Aufgabe an und beißt dich durch, hast du den restlichen Tag ein großartiges Gefühl und bist deinen Zielen deutlich nähergekommen.

Zudem hebst du dich damit von vielen Wettbewerbern ab und hast einen deutlichen Produktivitätsvorteil. Für dein Fernstudium kann die Eat-the-Frog-Methode aus zweierlei Sicht großen Nutzen haben: Stell dir auf der einen Seite vor, wie produktiv du in deinem Beruf wärst, wenn du jeden Morgen mit der wichtigsten Aufgabe beginnen würdest, anstatt deine Zeit zunächst mit Kleinkram zu verschwenden. Wie groß wäre dein Produktivitätszuwachs? Und wie viel Zeit könntest du dann in dein Fernstudium investieren, weil du deine wichtigen To-dos schon früh am Tag erledigt hast?

Auf der anderen Seite kannst du deine Lernaktivitäten auch direkt mithilfe der Eat-the-Frog-Methode priorisieren – und zwar, indem du es dir zur Gewohnheit machst, jeden Morgen (noch vor der Arbeit) etwas für dein Studium zu tun. Wenn du jeden Morgen als Erstes nur eine halbe Stunde deiner Zeit in diese Aufgaben steckst und dich ohne Ablenkung mit ihnen beschäftigst, wirst du schnell merken, wie produktiv du sein kannst.

Im stressigen Alltag kommt es häufig vor, dass du gleichzeitig mehreren „Fröschen“ gegenüberstehst. In diesem Fall solltest du immer mit dem hässlichsten und unappetitlichsten von ihnen anfangen. Das heißt: Wenn mehrere wichtige Aufgaben auf deiner To-do-Liste stehen, beginnst du mit der größten und unangenehmsten. Also immer mit dem, das am wenigsten Spaß macht, aber gleichzeitig unheimlich wichtig für deinen Erfolg ist. Aber aufgepasst: Nur, weil manche Dinge unangenehm sind, musst du ihnen nicht die höchste Priorität einräumen. Lasse dich nicht von „falschen Fröschen“ in die Irre führen. Deine Eat-the-Frog-Aufgaben müssen immer direkte positive Auswirkungen auf deine übergeordneten Ziele haben. Und bei besonders hässlichen Fröschen hat Tracy noch den folgenden Rat für dich:

- ✔ Wenn man schon einen Frosch essen muss, bringt es nichts, sich erst hinzusetzen und ihn lange anzustarren.

Denke nicht lange darüber nach, wie nervig und langweilig deine Aufgabe ist. Setze dich einfach hin und erledige sie – das macht den Unterschied und bringt dich weiter. Also: Augen zu und durch!

✿ Anleitung

Bevor du dich um deine Frösche kümmern kannst, musst du diese erst einmal als solche identifizieren. Dazu sammelst du zuerst alle Aufgaben, die dir keinen großen Spaß machen und bei deren Erledigung du dich so fühlst, als würdest du einen ekelhaften Frosch verspeisen. Danach sortierst du von diesen nervigen Aufgaben diejenigen aus, die dir nicht direkt dabei helfen, deine Ziele zu erreichen. Übrig bleibt das, was dich wirklich weiterbringt und morgens als Erstes von dir angepackt werden sollte. Um die größten unter ihnen zu finden, kannst du dich an folgendem zweistufigen Prozess orientieren:

Schritt 1: Finde nervige Aufgaben!

- ✔ Welche deiner Aufgaben sind besonders zeitintensiv oder nervenaufreibend?
- ✔ Wozu musst du dich am meisten überwinden?
- ✔ Welche Punkte von deiner To-do-Liste lassen dich nicht einschlafen?
- ✔ Für die Erledigung welcher Aufgaben würdest du viel Geld bezahlen?
- ✔ Welche Aufgabe schiebst du schon lange vor dir her?

Schritt 2: Finde wichtige Aufgaben!

- ✔ Welche Aufgaben haben direkten Einfluss auf deine Ziele?
- ✔ Auf einer Skala von 1 bis 10: Wie wichtig sind deine Aufgaben?
- ✔ Welche Aufgaben haben die größten positiven Auswirkungen auf dein Leben?
- ✔ Welche Aufgaben bringen dich nicht weiter?
- ✔ Wenn du heute nur eine Sache erledigen könntest, um deine Ziele zu erreichen – welche wäre das?

Nachdem du deine potenziellen Frösche bestimmt hast, bringst du deine Auswahl in eine Reihenfolge und legst die *eine* Aufgabe fest, die aktuell am wichtigsten für dich ist. Reserviere im Anschluss sofort ein Zeitfenster am nächsten Morgen, in welchem du dich mit voller Aufmerksamkeit um diese Aufgabe kümmern kannst.

★ Beispiel

Frösche sind nicht immer leicht zu identifizieren. Darum findest du hier einige Beispiele für typische Frösche in einem Fernstudium:

- ✔ Hausarbeit schreiben
- ✔ Studienskript zusammenfassen
- ✔ Definitionen auswendig lernen
- ✔ Übungsaufgaben bearbeiten

Oder bezogen auf deinen beruflichen Alltag:

- ✔ Kunden zurückrufen
- ✔ Präsentation vorbereiten
- ✔ Abschlussbericht schreiben
- ✔ Gespräch mit Chefin führen

Gleichermaßen verhält es sich mit falschen Fröschen – also Aufgaben, die nur wichtig erscheinen, in Wirklichkeit aber *keine* hohe Priorität haben:

- ✔ Schreibtisch aufräumen
- ✔ E-Mails sortieren
- ✔ Recherche durchführen
- ✔ Meeting mit Kollegen abhalten

✎ Aufgabe

Bestimme deinen aktuell größten Frosch, reserviere dir etwas Zeit am nächsten Morgen und iss ihn zum Frühstück!

Fokus-Frage

Wenn du fokussiert handeln möchtest – bezogen aufs Fernstudium oder einen anderen Lebensbereich – solltest du deine Prioritäten kennen und diese vorrangig behandeln. Streng genommen gibt es diese Mehrzahl jedoch gar nicht. Das Wort „Priorität“ stammt aus dem Lateinischen und leitet sich von dem Begriff „prior“ (zu Deutsch: der Vordere/der Erste) ab. Im Plural ist diese Eindeutschung daher falsch, denn es kann nur einen Ersten oder eine Erste geben – und somit nur eine einzige Priorität. Und grundsätzlich sollte es auch in deinem Leben nur eine Sache geben, die wichtiger ist als alle anderen. Die Preisfrage ist jetzt: Welche eine Sache ist das? Um dies zu beantworten, sehen wir uns ein nützliches Konzept von Gary Keller und Jay Papasan an: die Fokus-Frage.

Diese Frage ist ein einfaches Werkzeug, um festzulegen, welche Aufgabe für das Erreichen eines bestimmten Ziels am wichtigsten ist – und daher mit höchster Priorität erledigt werden sollte. Die Fokus-Frage lautet:

- ✔ Welches ist die *eine* Sache, die ich tun kann, sodass alles andere einfacher oder sogar überflüssig wird?

Die Frage ist auffällig simpel. Dennoch bewirkt sie eine spürbare Veränderung deiner Denkweise, erzeugt klare Handlungsempfehlungen und sorgt damit für beachtliche Fortschritte hinsichtlich der Erreichung deiner Ziele. An sich haben Fragen keinen direkten Nutzen. Sie helfen dir im ersten Moment nicht weiter, wenn du in einem Motivationstief steckst oder an Konzentrationsschwierigkeiten leidest.

Auf den zweiten Blick können dir Fragen allerdings wertvolle Hinweise darauf geben, wie du ein Problem lösen und große Aufgaben bewältigen kannst. Genau das ist der Zweck der Fokus-Frage. Sie ist ein Impulsgeber, der dich dazu zwingt, eine Antwort darauf zu geben, was gerade in deinem Leben wichtig ist. Denn von allein würdest du entweder nicht darauf kommen oder die Frage gar nicht erst stellen.

Die Fokus-Frage drängt dich dazu, Prioritäten zu setzen:

- ✔ Welches ist die *eine* Sache, …

bringt dich zum Handeln:

- ✔ … die ich tun kann, …

und schützt dich vor Orientierungslosigkeit:

- ✔ … sodass alles andere einfacher oder sogar überflüssig wird.

Jedes Mal, wenn du die Fokus-Frage beantwortest, wird dir etwas klarer, was du erreichen möchtest und welche Schritte auf diesem Weg zu gehen sind. Besonders bei wechselhaften und komplexen Anforderungen in deinem Alltag kann dir dieses Werkzeug gute Dienste erweisen. Fast täglich ändern sich deine Pläne, neue Aufgaben kommen hinzu und ältere To-dos werden überflüssig. Du musst laufend deine Prioritäten ändern und trotzdem deine langfristigen Ziele im Blick behalten. Die Fokus-Frage ist das ideale Mittel, um dich dabei zu unterstützen. Auf der einen Seite lenkt sie deine volle Konzentration auf eine einzige Aufgabe; auf der anderen Seite sorgt sie dafür, dass dein Global Picture und deine Vision allgegenwärtig sind. Durch den Satzteil „sodass alles andere einfacher oder sogar überflüssig wird", wird deine „eine Sache" kontinuierlich in Relation gesetzt. Du siehst dein Handeln daher immer in einem größeren Zusammenhang und niemals isoliert.

Aber das Beste ist: Schon nach kurzer Zeit entwickelt die Fokus-Frage eine produktive Eigendynamik. Stelle dir deinen Erfolg in einem bestimmten Lebensbereich (zum Beispiel in deinem Fernstudium) als eine Reihe von Dominosteinen vor, die mit einem kleinen Abstand voneinander aufgestellt wurden. Um dein Ziel letztlich zu erreichen, muss jeder einzelne Dominostein umfallen. Und um den ersten Stein zu finden, der die anderen anstößt, kannst du auf die Fokus-Frage zurückgreifen. Deine „eine Sache" ist der erste Stein in der Reihe und übt somit die größte Wirkung auf alle folgenden aus. Danach musst du nur noch dranbleiben.

✿ Anleitung

Das Stellen und Beantworten der Fokus-Frage ist einfach. Trotzdem machen es die meisten Menschen nicht und verharren stattdessen in einem Zustand lähmender Unproduktivität. Sie beschäftigen sich mit unnötigen Dingen anstatt mit ihrer *einen* Sache. So machst du es besser:

Schritt 1: Stelle dir die Fokus-Frage!

- ✔ Welches ist die *eine* Sache, die ich tun kann, sodass alles andere einfacher oder sogar überflüssig wird?

Schritt 2: Sammle mögliche Antworten!

- ✔ Welche Maßnahmen kommen in Betracht, um die Fokus-Frage zu beantworten?

Schritt 3: Lege deine *eine* Sache fest!

- ✔ Welche Handlung bringt dir die besten Ergebnisse?

Schritt 4: Wiederhole die Fokus-Frage regelmäßig!

- ✔ Haben sich deine Prioritäten geändert?

Stelle dir die Fokus-Frage mehrmals täglich. Schreibe sie dir zur Erinnerung auf ein Blatt Papier oder lasse sie dir auf deinem Smartphone zu einer festen Uhrzeit anzeigen. Zusätzlich kannst du auch einen kleinen Zettel an deinem Monitor befestigen, damit du mindestens einmal am Tag darüber nachdenkst, welches deine *eine* Sache ist. Für noch größere Motivation kannst du das Wirkungsversprechen aus dem letzten Teil der Fokus-Frage „sodass alles andere einfacher oder sogar überflüssig wird" anpassen. Dazu mehr in den Beispielen.

★ Beispiel

Damit du die Fokus-Frage direkt ausprobieren kannst, findest du im Folgenden verschiedene Anwendungsbeispiele.

Beispiel (Fernstudium):

- ✔ Welches ist die *eine* Sache, die ich für mein Fernstudium tun kann, sodass alles andere einfacher oder sogar überflüssig wird?

Beispiel (Fernstudium):

- ✔ Welches ist die *eine* Sache, die ich für mein Fernstudium tun kann, um effizienter zu lernen und bessere Noten zu erhalten?

Beispiel (Fernstudium):

- ✔ Welches ist die *eine* Sache, die ich tun kann, um meine nächste Prüfung möglichst gut zu bestehen?

Beispiel (Beruf):

- ✔ Welches ist die *eine* Sache, die ich tun kann, um meine Karriere voranzutreiben?

Beispiel (Gesundheit):

- ✔ Welches ist die *eine* Sache, die ich tun kann, um Stress abzubauen und gesünder zu leben?

Beispiel (Partnerschaft):

- ✔ Welches ist die *eine* Sache, die ich tun kann, um die Beziehung zu meinem Partner zu verbessern?

Beispiel (Lebenssinn):

- ✔ Welches ist die *eine* Sache, die ich tun kann, um anderen Menschen zu helfen?

✎ Aufgabe

Formuliere deine persönliche Fokus-Frage für verschiedene Anwendungsfälle aus deinem Leben und lege so die wichtigsten Aufgaben für dich fest!

Pareto-Prinzip

Nun kommen wir zu einem Punkt, an dem wir über Effektivität und Effizienz sprechen müssen. Denn wenn du deine Ziele erreichen und deine Pläne in die Tat umsetzen möchtest, musst du die richtigen Dinge tun. Das bedeutet: Du musst effektiv sein. Möchtest du dann noch Zeit sparen, solltest du deine Aufgaben so wirtschaftlich wie möglich abarbeiten. Das wiederum heißt: Du musst effizient werden. Eine einfache Merkregel dazu:

- ✔ Effektiv: Die richtigen Dinge.
- ✔ Effizient: Die Dinge richtig tun.

Dabei kommt die Effektivität immer vor der Effizienz. Was du tust, ist unendlich wichtiger als die Art und Weise, wie du es tust! Natürlich ist es sinnvoll, effizient zu arbeiten, aber jede Effizienz ist wertlos, wenn du sie nicht auf die richtigen Dinge anwendest. Um die richtigen Dinge zu finden, machen wir jetzt einen kleinen Abstecher in die Ökonomie und sehen uns das Pareto-Prinzip an. Anschließend wirst du viel besser einschätzen können, welche Aufgaben wichtig für dich sind und bei welchen Aktivitäten du deine Zeit verschwendest.

Vilfredo Pareto war ein italienischer Wirtschaftsprofessor und hatte eine große Begabung für Statistik. In einer seiner bekanntesten Untersuchungen hat er das 80/20-Prinzip nachgewiesen, welches später unter dem Namen „Pareto-Effekt", „Pareto-Verteilung" oder „Pareto-Prinzip" berühmt wurde. Darum ging es dabei: Pareto fand heraus, dass der Wohlstand in einer Gesellschaft sehr ungleichmäßig verteilt ist. Genauer gesagt wies er nach, dass sich 80 Prozent des Vermögens im Besitz von 20 Prozent der Bevölkerung befanden. Diese Verteilung lässt sich verallgemeinern und auf viele andere Bereiche außerhalb der Ökonomie übertragen und anwenden. Das allgemeine Pareto-Prinzip lautet:

- ✔ 20 Prozent des Inputs sorgen für 80 Prozent des Outputs.

Das Ungleichgewicht ist dabei sogar oft noch höher: 90/10, 95/5 oder 99/1. Mindestens gilt aber das Verhältnis 80/20. Für dein Zeitmanagement im Allgemeinen und bezogen auf dein Fernstudium im Speziellen heißt das:

- ✔ In 20 Prozent deiner Zeit erzielst du 80 Prozent deines Erfolgs.

Die verbleibenden 80 Prozent deiner Zeit wendest du für die restlichen 20 Prozent deiner Ergebnisse auf. Oder mit anderen Worten: Wenn du eine To-do-Liste mit zehn Aufgaben vor dir hast, sind zwei Aufgaben davon mindestens genauso wertvoll wie die anderen acht zusammen. Grafisch kannst du dir das so vorstellen:

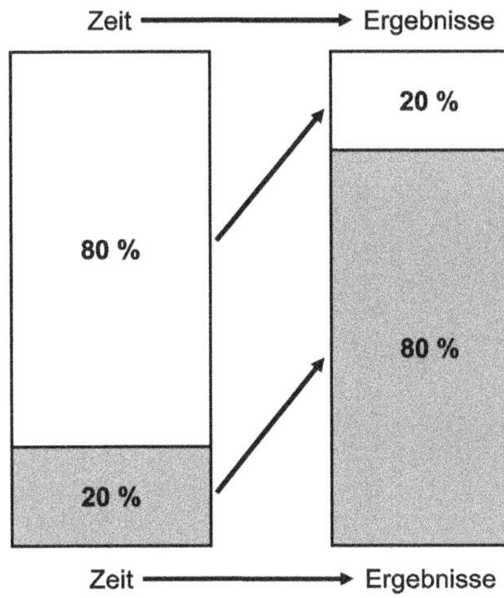

Einige deiner Aufgaben bringen dich demnach deutlich schneller ans Ziel als der Rest. Und genau diese Aufgaben musst du finden. Frage dich jedes Mal, wenn du mit einer neuen Aufgabe beginnst:

- ✔ „Gehört diese Aktivität zu den wertvollen 20 Prozent?"

Sollte sie nicht dazugehören, verschiebst du sie erst einmal. Kümmere dich ab jetzt primär um die Dinge, die dir überproportional gute Ergebnisse bringen. Sortiere knallhart aus, indem du Prioritäten setzt und den Vorteil der Pareto-Verteilung für dich nutzt.

✿ Anleitung

Das Pareto-Prinzip kannst du immer dann einsetzen, wenn du Aufgaben miteinander vergleichen möchtest, die dem gleichen Ziel dienen. So kannst du entscheiden, ob der Nutzen besonders groß oder eher gering ausfällt:

Schritt 1: Bestimme ein Ziel und lege dieses schriftlich fest!

- ✔ Was möchtest du erreichen?

Schritt 2: Erstelle eine Übersicht der erforderlichen Arbeitsschritte!

- ✔ Welche Aufgaben musst du erledigen?

Schritt 3: Bestimme deine 20-Prozent-Aufgaben!

- ✔ Welche Aufgaben liefern die besten/meisten Ergebnisse?

Schritt 4: Bestimme deine 80-Prozent-Aufgaben!

- ✔ Welche Aufgaben tragen nur wenig zum Erfolg bei?

Schritt 5: Setze Prioritäten!

- ✔ Um welche der 20-Prozent-Aufgaben kümmerst du dich zuerst?

Zu Beginn musst du vielleicht ein bisschen experimentieren, um herauszufinden, welche Aktivitäten in deinem Fernstudium, Alltag oder Berufsleben die besten Ergebnisse erzeugen. Sobald du deine 20-Prozent-Aktivitäten kennst, bist du auf dem besten Weg, effektiv – und später effizient – zu werden.

★ Beispiel

Die 80/20-Verteilung nach Pareto wirkt auf den ersten Blick akademisch und unpraktikabel. Dabei ist sie das genaue Gegenteil. Das Pareto-Prinzip kann auf viele Bereiche deines Lebens angewendet werden und dir dabei helfen, kluge Prioritäten zu setzen.

Schauen wir uns einige Beispiele dieser Gesetzmäßigkeit an:

- ✔ 80 Prozent der Lernfortschritte werden in 20 Prozent der Lerneinheiten erzielt.
- ✔ 80 Prozent deiner geschriebenen Seiten entstehen in 20 Prozent der aufgewendeten Zeit.
- ✔ 80 Prozent der Unternehmensgewinne werden mit 20 Prozent der Produkte erwirtschaftet.
- ✔ 80 Prozent des Umsatzes wird durch 20 Prozent der Kunden realisiert.
- ✔ 80 Prozent deiner Freizeit verbringst du mit 20 Prozent deiner engsten Freunde und Bekannten.

Du kannst deine Pareto-Aufgaben nicht exakt benennen. In der Regel reicht es aber schon zu wissen, welche Aufgaben viel und welche wenig zu deinem Erfolg bzw. deinen Ergebnissen beitragen. Frage dich dazu:

Welche Aufgaben ...

- ✔ ... sind für die Erreichung meines Ziels unverzichtbar?
- ✔ ... sind besonders unangenehm?
- ✔ ... schiebe ich häufig auf?
- ✔ ... bringen mich langfristig weiter?
- ✔ ... machen alles andere einfacher?
- ✔ ... sind notwendig/nicht notwendig?
- ✔ ... können ohne Konsequenzen gestrichen werden?

✎ Aufgabe

Finde die 20-Prozent-Aufgaben auf deiner To-do-Liste (und in Bezug auf dein Fernstudium), die für 80 Prozent deiner Ergebnisse sorgen und kümmere dich ausschließlich um diese Aktivitäten!

Ivy-Lee-Algorithmus

Langfristige Prioritäten bestimmen zu können, ist die eine Sache – diesen Fokus auch im stressigen Tagesgeschäft aufrecht zu erhalten, die andere. Eine Methode, die dir bei diesem Balanceakt helfen kann, ist der To-do-Listen-Algorithmus von Ivy Lee. Vor ungefähr 100 Jahren wurde der Produktivitätsexperte Ivy Lee für eine Methode berühmt, die später seinen Namen tragen sollte. Ihr Ursprung reicht zwar weit zurück, doch das ändert nichts am praktischen Nutzen. Einer der damals reichsten Menschen der Welt, der Unternehmer Charles Schwab, beauftragte Lee damit, seine Manager effizienter zu machen. Lee nahm den Auftrag an:

- ✔ „Geben Sie mir 15 Minuten mit Ihnen und Ihren Führungskräften. Anschließend können Sie meine Methode testen und wenn Sie damit zurechtkommen, bezahlen Sie mir nach drei Monaten, was Sie für angemessen halten."

Lee verdiente ein Vermögen und sein fantastischer Ruf sollte Generationen überdauern. Er entwickelte einen Priorisierungsalgorithmus, der bei minimalem Aufwand mehr Produktivität und bessere Ergebnisse erzielen kann. Keine Sorge, du musst dafür nichts programmieren. Alles, was du zur Anwendung des Ivy-Lee-Algorithmus benötigst, ist etwas zu schreiben. So funktioniert's: Im ersten Schritt erstellst du eine Liste mit deinen wichtigsten Aufgaben. Im Original ist die Rede von sechs To-dos, aber die Anzahl sollte sich nach deiner individuellen Leistungsfähigkeit und der Komplexität der Aufgaben richten. Anschließend bestimmst du Prioritäten und ordnest deine Aufgaben der Wichtigkeit nach. Diese Schritte führst du entweder am Vorabend oder direkt am frühen Morgen durch. Nun beginnst du mit der Abarbeitung deiner Liste und konzentrierst dich voll und ganz auf die Aktivität mit der höchsten Priorität. Alles andere blendest du aus. Sobald du die erste Aufgabe erledigt hast, aktualisierst du deine To-do-Liste. Die folgenden Fragen helfen dir dabei:

- ✔ Sind neue, wichtige Aufgaben hinzugekommen?
- ✔ Haben sich alte Aufgaben von selbst erledigt?

- ✔ Können Aufgaben gestrichen werden?
- ✔ Sind deine Prioritäten noch aktuell?
- ✔ Sind alte Aufgaben wichtiger geworden?
- ✔ Sind alte Aufgaben unwichtiger geworden?
- ✔ Welche ist nun die wichtigste Aufgabe?

Wenn deine Liste auf dem neuesten Stand ist, beginnst du erneut mit der wichtigsten Aufgabe und arbeitest sie mit höchster Konzentration ab. Danach aktualisierst du wieder deine Liste und so weiter. Am Ende des Tages überträgst du alle unerledigten Aufgaben auf eine neue Liste, planst deine Aktivitäten für den nächsten Tag und priorisierst erneut. Am Folgetag geht es dann wieder von vorn los. Die Ivy-Lee-Methode folgt also diesem Ablauf:

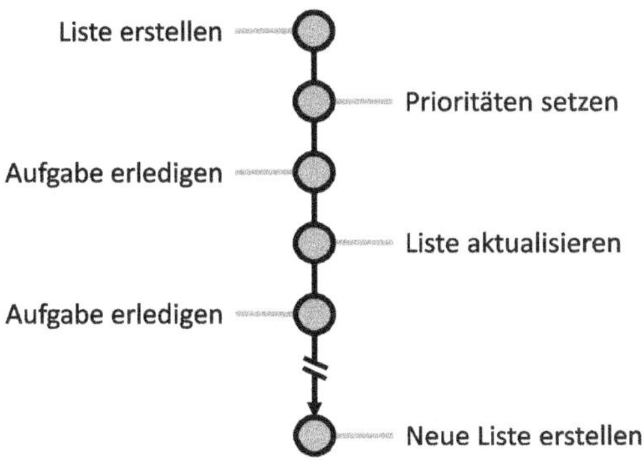

Was diese Methode so stark macht: Erstens bringt dich der Ivy-Lee-Algorithmus dazu, morgens mit deiner wichtigsten Aufgabe zu beginnen. Das kennst du schon von der Eat-the-Frog-Methode. Du verschwendest keine Zeit, sondern bist direkt fokussiert. Zweitens sorgen die Aktualisierungsvorgänge für eine kontinuierliche Bewertung deiner Aufgaben. Das hatten wir schon in etwas anderer Form bei der Fokus-Frage. Dadurch kümmerst du dich grundsätzlich nur um deine oberste Priorität. Wilde Tagesabläufe, an denen du die Orientierung und deinen Fokus verlierst, gehören damit der Vergangenheit an.

✿ Anleitung

Um die letzten Unklarheiten zu beseitigen, folgt eine einfache Anleitung, mit deren Hilfe du sofort deine To-do-Liste updaten kannst. Nach nur fünf Schritten bist du fertig und kannst dir die Vorzüge der Ivy-Lee-Methode zunutze machen:

Schritt 1: Sammle deine Aufgaben!

- ✔ Schreibe alle Aufgaben, To-dos und Verpflichtungen auf, mit denen du dich aktuell auseinandersetzen musst. Nimm dabei noch keine Bewertung vor, sondern sammle einfach.

Schritt 2: Vergib Prioritäten!

- ✔ Weise nun jedem Eintrag auf deiner Liste eine Priorität zu, indem du deine Aufgaben einzeln bewertest. Dazu kannst du zum Beispiel eine Skala von 1 (unwichtig) bis 10 (sehr wichtig) verwenden.

Schritt 3: Sortiere deine Aufgaben!

- ✔ Nun erstellst du eine neue Liste und sortierst deine Aufgaben der Priorität nach. Ganz oben steht deine wichtigste Aufgabe, dann folgt die zweitwichtigste und so weiter.

Schritt 4: Beginne sofort mit der wichtigsten Aufgabe!

- ✔ Sobald du deine neue To-do-Liste fertiggestellt hast, nimmst du den Schwung mit und kümmerst dich unverzüglich um deine wichtigste Aufgabe. Fange einfach an – und höre nicht eher auf, bis du die Aufgabe erledigt hast.

Schritt 5: Aktualisiere deine Liste!

- ✔ Sobald du mit deiner Arbeit fertig bist, wirfst du einen kritischen Blick auf deine To-do-Liste und überlegst, ob neue Aufgaben dazu gekommen sind oder sich deine Prioritäten verschoben haben. Passe deine Liste gegebenenfalls an und mache dann mit der nächsten Aufgabe weiter.

★ Beispiel

Zur besseren Vorstellung sehen wir uns nun unterschiedliche Start-To-do-Listen an. Die erste Liste stellt Aufgaben aus deinem beruflichen Alltag in den Fokus und weist deiner Weiterbildung eine niedrige Priorität zu; in der zweiten Liste konzentrieren wir uns hingegen auf dein Fernstudium (zum Beispiel an einem freien Tag oder am Wochenende):

Beispiel 1 (Fokus auf deinen Beruf):

1. Kunden anrufen
2. Bericht schreiben
3. Meeting mit der Kollegin abhalten
4. Besprechung mit dem Chef planen
5. E-Mail bearbeiten
6. Kapitel 2 aus dem Studienheft lesen

Beispiel 2 (Fokus auf dein Fernstudium):

1. Kapitel 2 aus dem Studienheft lesen
2. Kapitel 2 zusammenfassen
3. Lernkarten erstellen
4. Lernkarten wiederholen
5. Treffen mit der Lerngruppe abhalten
6. Eine Seite der Hausarbeit schreiben

✎ Aufgabe

Wende den Ivy-Lee-Algorithmus an und arbeite einen Tag lang nach dieser Methode! Berücksichtige dabei auch mindestens eine Aufgabe aus deinem Fernstudium!

Zusammenfassung

In diesem Kapitel hast du gelernt, wie du deinen Fokus finden und kluge Prioritäten setzen kannst – sowohl für dein Fernstudium als auch für andere Lebensbereiche. Dazu haben wir uns überlegt, wie du jeden Tag fokussiert beginnen kannst und die Konzentration auf deine wichtigsten Aufgaben richtest:

- ✔ Bei der Eat-the-Frog-Methode beginnst du jeden Tag mit deiner schwierigsten bzw. anspruchsvollsten Aufgabe, bevor du dich um andere Dinge kümmerst.
- ✔ Falls du es gleichzeitig mit mehreren Fröschen zu tun hast, solltest du dich zuerst um den ekligsten kümmern.
- ✔ Die Fokus-Frage lenkt deine volle Aufmerksamkeit auf eine einzige Sache und hilft dir dabei, klare Prioritäten zu setzen.
- ✔ Die Fokus-Frage lautet: Welches ist die *eine* Sache, die ich tun kann, sodass alles andere einfacher oder sogar überflüssig wird?
- ✔ Das Pareto-Prinzip besagt, dass 20 Prozent deiner Aufgaben für 80 Prozent deiner Ergebnisse verantwortlich sind.
- ✔ Um effektiv zu werden, solltest du deinen Fokus auf die 20-Prozent-Aufgaben richten – besonders in Bezug auf dein Fernstudium.
- ✔ Mithilfe des Ivy-Lee-Algorithmus kannst du deinen Tag planen und deine To-do-Liste optimieren.
- ✔ Die Methode von Ivy Lee besagt, dass du nur eine gewisse Anzahl an Aufgaben auf deine To-do-Liste aufnehmen und mit der wichtigsten beginnen solltest.
- ✔ Nach der Erledigung bewertest du deine verbleibenden To-dos neu, aktualisierst deine Liste und beginnst wiederum mit der wichtigsten Aufgabe.

KAPITEL 5
Deine Produktivität

Einleitung

Fokussiertes Handeln ist die Grundlage für produktives Arbeiten, doch der schärfste Fokus hilft dir nicht weiter, sofern du ihn für die falschen Aktivitäten einsetzt. Wenn du zum Beispiel konzentriert für dein Fernstudium lernen möchtest, aber alle paar Minuten dein Smartphone checkst und durchs Internet surfst, hat das wenig mit Effizienz zu tun. Mehr noch: Solltest du so weitermachen, kommst du in die Hall of Fame der unproduktivsten Menschen aller Zeiten. Immerhin bist du dort in guter Gesellschaft, denn viele Menschen beschäftigen sich auf diese Weise: Sie sortieren fleißig ihre Unterlagen, recherchieren, schreiben E-Mails, telefonieren oder klicken sich durch Präsentationen. Sie tun zwar etwas – aber am Ende bringt ihnen das nichts. Sie sind beschäftigt, aber nicht produktiv. Und genau das darf dir nicht passieren.

Wenn du dich also fragst, warum du trotz bester Absichten kaum Fortschritte bei deiner Weiterbildung machst, dann liegt es wahrscheinlich an den beiden üblichen Faktoren: Erstens, du verbringst deine Zeit mit unnötigen Dingen; zweitens, du erledigst deine To-dos mit schlechtem Wirkungsgrad. Wie du geschickte Prioritäten setzt, hast du im vorherigen Kapitel gelernt. Jetzt sehen wir uns an, wie du deine Aufgaben so gut und schnell wie möglich ausführen kannst. Denn wenn du effizient arbeitest und die wichtigsten Produktivitätstechniken regelmäßig in deinen Alltag integrierst, wirst du erfolgreicher – ohne eine zusätzliche Sekunde Zeit zu investieren.

Wichtig ist hierbei, dass du nicht gegen deine Natur ankämpfst, sondern einen Rhythmus findest, der zu dir und deiner persönlichen Arbeitsweise passt. Denn grundsätzlich ist das menschliche Gehirn nicht dafür ausgelegt, um sich stundenlang auf eine einzige Sache zu fokussieren. Unser Körper ist auf Bewegung aus und unser Geist wünscht sich Abwechslung. Millionen Jahre Evolution haben zu diesen Default-Eigenschaften beigetragen. Nur leider sind das nicht die besten Voraussetzungen, wenn es darum geht, ein neues Kapitel aus dem Studienheft durchzuarbeiten oder für die nächste Prüfung zu lernen. Darum brauchst du ein modernes Repertoire an Arbeitstechniken, um möglichst schnell in einen produktiven Zustand zu gelangen – und dort zu verbleiben. Dieses Kapitel liefert dir die Grundlage dazu.

Dazu sehen wir uns zunächst an, wie wichtig eine kluge Vorbereitung für eine produktive Arbeitsweise ist und wie du sie zukünftig für dich nutzen kannst. Danach tauchen wir in das Konzept des Singletaskings ein und sagen dem Multitasking den Kampf an. Welche Vorzüge Singletasking mit sich bringt und wie sich diese Arbeitsphilosophie am besten umsetzen lässt, besprechen wir im Anschluss. Genauso wie Pausen, denn der richtige Einsatz von kleinen Erholungseinheiten verbessert nicht nur deine Produktivität, sondern sorgt auch dafür, dass du über einen langen Zeitraum konzentriert bleiben kannst. Zum Schluss lernst du mit der Pomodoro-Technik eine Methode kennen, mit der du deine Lerneinheiten im Handumdrehen strukturieren und für mehrere Stunden produktiv lernen kannst.

In diesem Kapitel lernst du,

- ✔ wie du mit einer klugen Vorbereitung viel Zeit und Nerven beim Erledigen deiner Aufgaben sparst.
- ✔ warum Multitasking schlecht für dich ist und weshalb du stattdessen Singletasking praktizieren solltest.
- ✔ warum regelmäßige Pausen wichtig sind, um deinen Fokus zu stärken und länger durchzuhalten.
- ✔ wie du mithilfe der Pomodoro-Technik stundenlang konzentriert arbeiten kannst.

Vorbereitung

Für eine produktive Arbeitsweise ist eine strategische Vorbereitung unerlässlich. Egal, ob es um deinen Job, dein Fernstudium oder andere Projekte geht: Wenn du dir im Vorfeld überlegst, wie du deine Arbeitsschritte durchführen möchtest und daraus vorbereitende Maßnahmen ableitest, wirst du viel mehr schaffen als zuvor und gleichzeitig bessere Ergebnisse erzielen. Laut aktuellen Studien ist eine Effizienzsteigerung von 30 bis 50 Prozent möglich, wenn du deine Aufgaben klug vorbereitest. Auf der anderen Seite verschenkst du viel Potenzial, wenn du deine Aufgaben unvorbereitet angehst. In diesem Fall ist es wesentlich wahrscheinlicher, dass du dich von Nebensächlichkeiten ablenken lässt, deinen Arbeitsfluss zwischendurch unterbrechen musst oder gar nicht erst in einen produktiven Zustand gelangst.

Doch eine gute Vorbereitung ist mehr, als einen Blick auf die To-do-Liste zu werfen und den Computer hochzufahren; sie muss ganzheitlich sein und sollte dich auf deine bevorstehende Aufgabe einstimmen. Deine Vorbereitung muss dich zudem mental abholen und dafür sorgen, dass du in eine leistungsfähige Verfassung und in einen konzentrierten Zustand vorstößt. Dazu sollte deine Vorbereitung die folgenden drei Bereiche abdecken:

- ✔ Inhaltliche Vorbereitung
- ✔ Praktische Vorbereitung
- ✔ Mentale Vorbereitung

Die inhaltliche Vorbereitung hat den Zweck, die bevorstehende Aufgabe thematisch einzuordnen. Bevor du mit der Arbeit loslegst, solltest du dich schon grob mit dem Thema auskennen und über ein solides Grundwissen verfügen. Das hat den Vorteil, dass du sofort weißt, worum es geht und dir nicht erst einen Überblick verschaffen musst. Wenn du zum Beispiel eine neue Aufgabe aus deinem Studienheft durcharbeiten möchtest, wäre es sinnvoll, vorher das Kapitel zu überfliegen, bereits gelöste Aufgaben erneut durchzugehen und einen Blick auf deine Zusammenfassung des Themas zu werfen. Zusätzlich kannst du auch eine schnelle Online-Recherche durchführen, ein Erklärvideo passend zum Thema ansehen oder deine Lerngruppe um Hilfe bitten. Bei der praktischen Vorbereitung geht es um die richtige Bereitstellung deiner Arbeitsmaterialien. Nur wenn die Rahmenbedingungen geregelt sind, kannst du dich voll und ganz auf deine Aufgabe konzentrieren. Achte zum Beispiel darauf, dass du dich an einen ruhigen Ort zurückziehen kannst und für einen festen Zeitraum nicht mit Störungen rechnen musst. Stelle außerdem sicher, dass deine Lern-Software funktioniert, dein Drucker einsatzfähig ist oder dein Taschenrechner griffbereit liegt, falls du diese Utensilien für deine Lernsession benötigst. Mit der mentalen Vorbereitung schließt du dein Warm-up-Programm ab. In dieser Phase setzt du dich mental mit deiner Aufgabe auseinander und arbeitest an deinem Mindset. Mentale Bilder (Kapitel 1) können dich dabei unterstützen, indem du dir beispielsweise vor der nächsten Lerneinheit ausmalst, wie du konzentriert und fokussiert in deine Unterlagen versinken wirst. Inhaltlich, praktisch, mental – diese Ebenen sind die drei Säulen deiner Vorbereitung. So kannst du sie dir vorstellen:

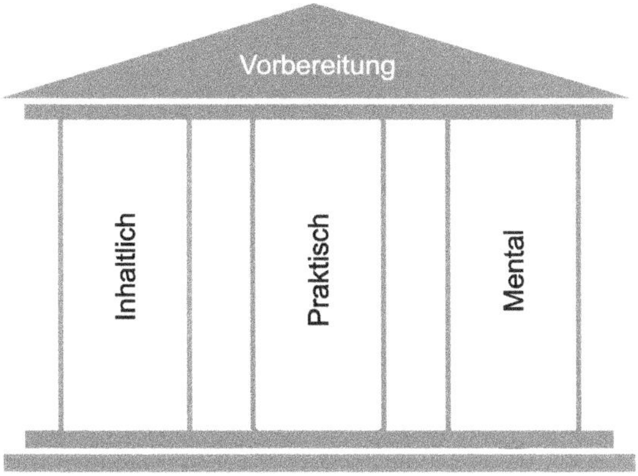

So individuell deine Arbeitsweise auch sein mag: Diese drei Bestandteile dürfen bei einer guten Vorbereitung nicht fehlen. Sie sind die Grundlage für eine produktive Arbeitsweise, schärfen deinen Fokus beim Lernen und sparen wertvolle Zeit.

✿ Anleitung

Deine Vorbereitung sollte sich immer an der nächsten Aufgabe orientieren. Daher fallen die einzelnen Vorbereitungsschritte häufig individuell aus und lassen sich nicht in ein festes Raster zwängen. Auch die Reihenfolge ist beliebig und sollte sich nach deiner persönlichen Arbeitsweise richten. Dennoch gibt es einige Empfehlungen, von denen du dich inspirieren lassen kannst.

Die inhaltliche Auseinandersetzung mit deiner Aufgabe sorgt vor der Bearbeitung dafür, dass du viel schneller einen Zugang findest und sofort in die Vollen gehen kannst. Du musst dich dann nicht mehr einarbeiten, sondern weißt direkt, worum es geht und worauf du achten musst:

- ✔ Wie lässt sich die Aufgabe thematisch einordnen?
- ✔ Auf welchem Wissen baut die Aufgabe auf?
- ✔ Was musst du können, um die Aufgabe zu erledigen?
- ✔ Welche Infos solltest du im Vorfeld recherchieren?

Zur praktischen Vorbereitung gehört, dass du deine Rahmenbedingungen kontrollierst und eine Atmosphäre schaffst, in der du produktiv studieren kannst. Es gibt nichts Schlimmeres, als beim Lernen gerade Fahrt aufzunehmen und dann durch organisatorische Fehler ausgebremst zu werden:

- ✔ Befindest du dich an einem ruhigen Rückzugsort?
- ✔ Hast du dein Lernmaterial zusammengetragen?
- ✔ Liegen Hilfsmittel wie Stifte, Papier und so weiter bereit?
- ✔ Ist dein Smartphone stumm- oder ausgeschaltet?

Deine mentale Vorbereitung kann darüber entscheiden, ob du deine Lernsession effektiv durchziehst oder schon nach wenigen Minuten genervt das Handtuch wirfst. Deine innere Einstellung hat großen Einfluss darauf, wie du deine Aufgaben angehen und abschließen wirst:

- ✔ Wie würde eine optimale Lerneinheit aussehen?
- ✔ Welche Vorteile bringt es mit sich, wenn du jetzt lernst?

- ✔ Was spricht dafür, dass du es schaffen wirst?
- ✔ Welchem übergeordneten Ziel kommst du näher?

★ Beispiel

Vermutlich wirst du einige der vorbereitenden Maßnahmen schon umsetzen – nur nicht bewusst, sondern ganz automatisch. Wenn es dir jetzt noch zusätzlich gelingt, eine systematische Vorbereitungsroutine in deinen Alltag zu integrieren, wird sich deine Produktivität deutlich verbessern. Sehen wir uns dazu einige Beispiele an.

Inhaltliche Vorbereitung:

- ✔ Kurze Internet-Recherche durchführen
- ✔ Grundbegriffe in (Online-)Lexika nachschlagen
- ✔ Erklärvideos ansehen

Praktische Vorbereitung:

- ✔ Schreibtisch aufräumen
- ✔ Lernmaterial herunterladen
- ✔ Software installieren

Mentale Vorbereitung:

- ✔ Ziele im Blick behalten
- ✔ Motivation sicherstellen
- ✔ Sich selbst Mut zusprechen

✎ Aufgabe

Mache es dir zur Gewohnheit, wichtige Aufgaben aus deinem Fernstudium vorzubereiten und berücksichtige dabei die drei Säulen der Vorbereitung!

Singletasking

Es gibt eine einfache Grundregel für überdurchschnittlich gute Ergebnisse und langfristige Erfolge: Kümmere dich immer nur um eine Sache zur gleichen Zeit. Nicht um fünf, nicht um drei und auch nicht um zwei – sondern nur um eine einzige. Wenn du produktiv sein möchtest, musst du fokussiert arbeiten. Deine volle Aufmerksamkeit muss auf eine einzige Sache gerichtet sein. Singletasking heißt das Zauberwort. Erledige nur *eine* einzige Sache und konzentriere dich auf deine aktuelle Aufgabe – mehr nicht. Denn erstens kannst du ohnehin nicht alles schaffen und zweitens bringt es nichts, zu viele Baustellen zur gleichen Zeit aufzumachen. Du musst Schritt für Schritt vorgehen und dich langsam, aber beständig deinem Ziel nähern.

Das gilt ganz besonders für anspruchsvolle Aufgaben, wie zum Beispiel dein Fernstudium. Praktisch ist es vielleicht möglich, während eines Meetings nebenbei ein Studienheft zu lesen, aber sinnvoll ist es nicht. Was meinst du, wie viele Inhalte in deinem Gedächtnis hängen bleiben? Nicht besonders viele. Genauso ungünstig ist es, abends vor dem Fernseher Karteikarten zu lernen oder während der Kinderbetreuung an einer Hausarbeit zu schreiben. Solche Überschneidungen funktionieren nur in der Theorie – in der Praxis sind sie jedoch fast immer Zeitverschwendung.

Viele Menschen rühmen sich damit, dass sie „multitaskingfähig" seien – dabei ist das Konzept „Multitasking" eine dreiste Lüge. Es gaukelt uns vor, dass wir mehr schaffen, wenn wir uns mit vielen Aufgaben gleichzeitig beschäftigen. Doch genau das Gegenteil ist der Fall: Wir werden ineffektiv und ineffizient; wir erledigen die falschen Dinge (weil wir die Übersicht verlieren) und führen diese dann auch noch schlecht aus (weil wir überfordert und unkonzentriert sind).

Außerdem verschwendest du mit Multitasking deine Zeit: Jedes Mal, wenn du deine Arbeit unterbrichst und von Aufgabe zu Aufgabe wechselst, verlierst du nicht nur Zeit bei der Bearbeitung, sondern auch Zeit, um deinen Fokus wiederzufinden. Wer von seiner Aufgabe auch nur für einen kurzen

Moment abgelenkt wird, benötigt bis zur Weiterarbeit an der gleichen Stelle eine zusätzliche Anlauf- und Wiedereinarbeitungszeit. Diese Leistungsverluste können in Summe stark ins Gewicht fallen und mehr als ein Viertel unserer Zeit ausmachen. So kannst du dir diesen sogenannten Sägeblatt-Effekt vorstellen:

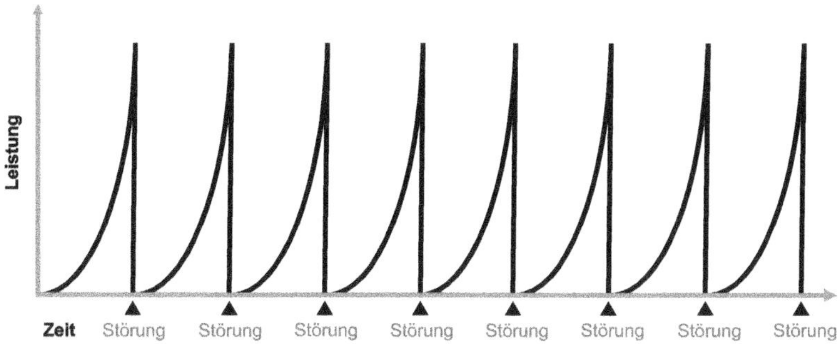

Wenn du beim Bearbeiten einer Aufgabe Ideen oder Einfälle zu einem anderen Thema hast, kannst du deine Gedanken kurz notieren und auf einer separaten Liste sammeln. Sobald du dein Ziel erreicht hast, gehst du diesen Dingen nach, ohne dass du aus deiner Konzentrationsphase gerissen wirst. Erfolgreiche Menschen praktizieren fast nie Multitasking, sondern fokussieren sich immer nur auf eine Sache. Diese einfache Grundregel ist ein wahrer Produktivitäts-Booster und sorgt dafür, dass du konzentriert bleibst und deine Aufgaben schneller hintereinander erledigen kannst. Das wichtigste Grundprinzip beim Bearbeiten von Aufgaben lautet also:

- ✔ Erledige immer nur *eine* einzige Sache zur gleichen Zeit!

Oder anders formuliert: Praktiziere immer Singletasking und niemals Multitasking. Dadurch wird deine Arbeitsweise strukturierter, deine Stimmung entspannt sich und du kannst dich intensiver mit deinen wichtigen Aufgaben auseinandersetzen. Fokussiere dich deshalb ab sofort nur auf eine einzige Sache. Erledige diese mit voller Konzentration und lasse dich nicht ablenken.

✿ Anleitung

Beim Singletasking ist die Vorbereitung besonders wichtig. Unproduktives Multitasking kann nur dann verhindert werden, wenn du deine Aufgaben klug organisierst. Halte dich dazu an die folgenden Schritte:

Schritt 1: Teile deine Aufgabe in Zwischenschritte ein!

- ✔ Welche Teilaufgaben gibt es?

Schritt 2: Bringe die Teilaufgaben in eine sinnvolle Reihenfolge!

- ✔ Wie bauen die Schritte aufeinander auf?

Schritt 3: Bereite deine Arbeit vor!

- ✔ Welche Materialen und/oder Informationen benötigst du?

Schritt 4: Vermeide Ablenkungen!

- ✔ Wer oder was könnte dich stören – und was kannst du dagegen tun?

Schritt 5: Arbeite einen Schritt nach dem anderen ab!

- ✔ Erledige nur eine einzige Sache – und frage dich erst danach: Was ist der nächste Schritt?

Singletasking lässt sich am einfachsten umsetzen, wenn du in kurzen Etappen arbeitest. Deine Aufgaben wirken dadurch abwechslungsreicher und du kannst dich in den Pausen erholen oder neue Pläne aufstellen. Auf diese Weise bleiben deine Motivation und Konzentration lange erhalten.

★ Beispiel

Die Strukturierung deiner Aufgaben ist beim Singletasking-Ansatz der entscheidende Faktor. Sobald es dir gelingt, deine großen To-dos in kleine Schritte aufzuteilen, bist du schon fast am Ziel deiner Vorbereitung. Dazu schauen wir uns einige Beispiele an, die besonders für deine berufsbegleitende Weiterbildung geeignet sind.

Beispiel 1 (Hausarbeit schreiben):

- ✔ Literaturrecherche durchführen
- ✔ Inhaltsverzeichnis erstellen
- ✔ Einleitung schreiben
- ✔ Kapitel 1.1 schreiben
- ✔ Kapitel 1.2 schreiben
- ✔ …

Beispiel 2 (Studienheft lesen):

- ✔ Seite 1 bis 10 lesen
- ✔ Seite 11 bis 20 lesen
- ✔ Seite 21 bis 30 lesen
- ✔ Seite 31 bis 40 lesen
- ✔ Seite 41 bis 50 lesen
- ✔ …

Beispiel 3 (Prüfung vorbereiten):

- ✔ Relevante Inhalte sichten
- ✔ Zusammenfassung schreiben
- ✔ Übungsaufgaben durcharbeiten
- ✔ Karteikarten erstellen und lernen
- ✔ Probeklausur bearbeiten
- ✔ …

✎ **Aufgabe**

Verbanne Multitasking aus deinen Arbeitsabläufen und wende stattdessen ausschließlich Singletasking an!

Pausen

Eine kluge Vorbereitung und Singletasking können deine Produktivität beflügeln. Langfristig erhältst du deine Konzentration jedoch nur dann aufrecht, wenn du regelmäßige Pausen einlegst. Falls du ununterbrochen durcharbeitest, wird deine Leistungsfähigkeit schon nach kurzer Zeit abnehmen und bald gegen null gehen. Dieses Phänomen wurde in zahlreichen wissenschaftlichen Studien untersucht und immer wieder bestätigt. Eine in der Zeitmanagementliteratur weitverbreitete grafische Darstellung dazu sieht in etwa so aus:

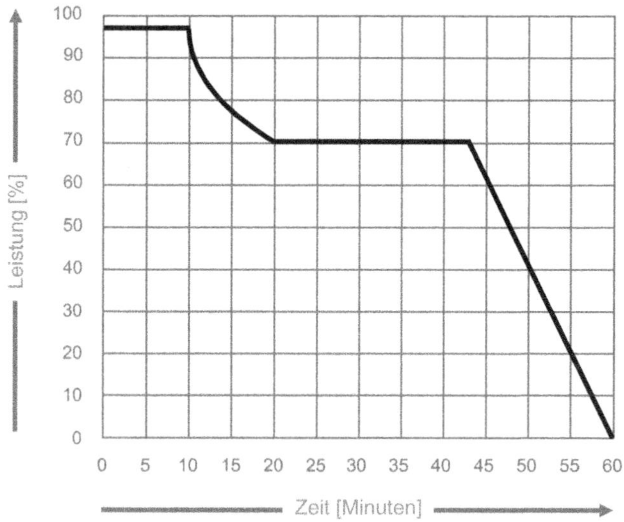

Die Kurve zeigt: Deine Leistung nimmt mit der Zeit ab. Erst moderat zwischen Minute 10 und 20, dann (nach ca. 40 Minuten) besonders drastisch, bis nicht mehr viel von deiner Leistung übrig bleibt. Daraus ergibt sich die Preisfrage: Was kannst du gegen das Abflachen der Kurve tun, um langfristig konzentriert und leistungsfähig zu bleiben? Die Antwort: Pause machen, Kraft tanken und dann mit neuem Schwung weitermachen. Wenn du deinen Arbeitsrhythmus abwechselnd mit produktiven und erholsamen Einheiten durchmischst, kannst du deine durchschnittliche Leistungsfähigkeit über einen langen Zeitraum aufrechterhalten. Zu Beginn einer Aufgabe befindet sich deine Leistungsfähigkeit auf einem hohen Niveau. Sobald deine Leistung abfällt, legst du eine kleine Erholungspause ein und startest danach direkt mit einem neuen Arbeitsintervall. Auf diese Weise kannst du viele kleine effiziente Einheiten aneinanderreihen und damit deutlich bessere Ergebnisse erzielen, als mit einer langen Arbeitsphase ohne Unterbrechung. So kannst du dir dieses Konzept in etwa vorstellen:

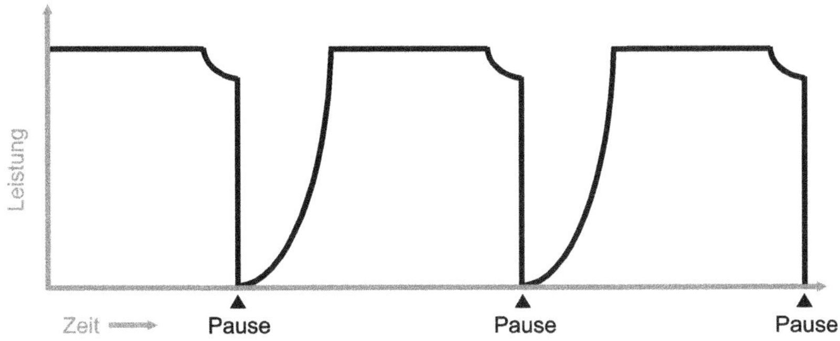

Du unterbrichst sozusagen die Kurve aus der ersten Darstellung und schneidest sie an der Stelle ab, an der deine Leistungsfähigkeit nicht mehr hoch genug ist. Dann machst du eine Pause, regenerierst dich und startest eine neue Kurve – allerdings wieder auf einem hohen Leistungsniveau. Wichtig ist dabei, dass du deine Pausen nicht zu kurz und nicht zu lang hältst. Hierbei sind 5 bis 10 Minuten ein guter Richtwert.

Außerdem solltest du deine Pausen wirklich zur Erholung nutzen. Es bringt dir nichts, wenn du deine Auszeit zur Erledigung anderer To-dos einsetzt und danach noch gestresster bist als vorher. Entspanne stattdessen für ein paar Minuten, ruhe deine Augen aus und trinke ein Glas Wasser. Bewege dich etwas und lasse deine Gedanken für einen Moment schweifen. Danach wird es dir viel leichter fallen, mit voller Konzentration zurück in den Arbeitsmodus zu finden.

✿ Anleitung

Da Pausen für eine langanhaltende Produktivität entscheidend sind, solltest du ihnen eine ähnliche Wichtigkeit einräumen, wie der Erledigung deiner Aufgaben. Dazu ist es sinnvoll, deine Pausen zu planen und zu organisieren. Auf diese Weise stellst du sicher, dass du sie einhältst und deine Auszeiten ihre maximale Wirkung entfalten. Die folgenden Schritte helfen dir dabei:

Schritt 1: Lege Pausenzeiten fest!

- ✔ Wann sollen deine Pausen stattfinden?

Schritt 2: Bestimme die Pausendauer!

- ✔ Wie lange möchtest du Pause machen?

Schritt 3: Achte auf körperliche Erholung!

- ✔ Wie kannst du für physische Erholung sorgen?

Schritt 4: Achte auf geistige Erholung!

- ✔ Wie kannst du eine mentale Erholung sicherstellen?

Schritt 5: Richte eine Erinnerungshilfe ein!

- ✔ Wie kannst du dich daran erinnern, Pause zu machen?

★ Beispiel

Mit nur wenig Aufwand kannst du deine Lernpausen in wahre Energiequellen verwandeln, die dir neue Kraft geben und dich stundenlang produktiv weiterlernen lassen. Dazu solltest du jedoch Pausenaktivitäten wählen, die zu dir passen und dir persönlich guttun. Dazu ein paar Anregungen auf der nächsten Seite.

Beispiele für körperliche Erholung:

- ✔ Bewegen: Die meiste Zeit beim Lernen verbringst du sitzend, wodurch sich dein Körper verspannt und besonders die Bereiche um Rücken, Nacken und Schultern beansprucht werden. Unterbrich daher deine Sitzroutine und bewege dich in deiner Pause.
- ✔ Trinken: Wenn du geistig frisch bleiben möchtest, musst du dafür sorgen, dass du deinem Körper genug Flüssigkeit zufügst; am besten Wasser oder leichte Getränke ohne übermäßig viel Zucker.
- ✔ Atmen: Wenn du für einen längeren Zeitraum angestrengt vor deinen Lernunterlagen sitzt, kann es passieren, dass du unbewusst deinen Atem anhältst. Dadurch wird dein Körper schlechter durchblutet und deine Leistungsfähigkeit sinkt. Konzentriere dich in deinen Pausen deshalb ganz bewusst auf deinen Atem.

Beispiele für mentale Erholung:

- ✔ Loslassen: Schreibe vor jeder Pause all deine Gedanken auf und verbanne sie damit aus deinem Kopf. Erstelle außerdem eine kurze Notiz, an welcher Stelle du beim Lernen stehengeblieben bist, damit dir der Wiedereinstieg nach der Pause leichter fällt.
- ✔ Wertschätzen: Mache dir klar, welchen Wert deine Pause hat und dass eine kurze Unterbrechung zwingend notwendig ist, wenn du langfristig erfolgreich sein möchtest. Pause machen ist keine Schwäche – es ist ein wichtiger Bestandteil deiner Lernsession.
- ✔ Umziehen: Den größten Erholungseffekt erreichst du, wenn du für deine Pause den Ort wechselst und in ein anderes Umfeld umziehst. Durch die Änderung der Umgebung kannst du viel besser abschalten und deinen Stoff mental loslassen.

✎ Aufgabe

Mache dir bewusst, wie nützlich Pausen sind und beschließe, ab sofort kleine Erholungsunterbrechungen in deinen Alltag einzubauen!

Pomodoro-Technik

Singletasking in Kombination mit Pausen ist eine clevere Strategie, um über einen langen Zeitraum effizient zu arbeiten. Mithilfe der Pomodoro-Technik kannst du diese beiden Ansätze vereinen und optimal in deinen Alltag integrieren. Die Methode wurde von dem Italiener Francesco Cirillo in den 1980er Jahren entwickelt. Um genau zu sein, entdeckte Cirillo diese Technik eher beiläufig, nachdem er die Grundzüge bei einem Selbstversuch ausprobierte.

Unser italienischer Freund hatte viel zu tun: Zahlreiche unterschiedliche Aufgaben mit weiten Deadlines, die erst in einigen Wochen endeten, standen auf seiner To-do-Liste. Das blockierte ihn so stark, dass er sich nicht dazu durchringen konnte, mit der Abarbeitung anzufangen. Überfordert holte er sich eine kleine Küchenuhr aus der Schublade, die er üblicherweise zum Eierkochen verwendete, stellte sie auf 25 Minuten und verabredete mit sich selbst:

- ✔ „Wenn ich es schaffe, in dieser Zeit konzentriert an einer Aufgabe zu arbeiten, bekomme ich danach fünf Minuten frei. In dieser kleinen Pause kann ich alles machen, was ich möchte, ohne ein schlechtes Gewissen zu haben."

In den folgenden 25 Minuten schaffte Cirillo so viel, wie sonst an einem ganzen Tag. Und das alles wegen einer kleinen Uhr, die die Form einer Tomate (italienisch: pomodoro) hatte und nach 25 Minuten klingelte. Dies war die Geburtsstunde der Pomodoro-Technik. Bei dieser Methode werden große Arbeitsblöcke in kleine Zeiteinheiten von ca. 25 Minuten (die sogenannten pomodori) eingeteilt und mit höchster Konzentration bearbeitet. Im Anschluss an ein solches Intervall folgt eine kurze Pause von fünf Minuten. Nach insgesamt vier „pomodori" kann eine längere Pause von 15 bis 30 Minuten durchgeführt werden. Die Intervalldauer kannst du an deinen persönlichen Rhythmus anpassen oder so strukturieren, dass die Tätigkeiten aus deinem Fernstudium darin Platz finden.

Ein allgemeiner Pomodoro-Plan nach der 25/5-Systematik könnte demnach so aussehen:

- ✔ 25 Minuten: Konzentriert arbeiten
- ✔ 5 Minuten: Pause machen
- ✔ 25 Minuten: Konzentriert arbeiten
- ✔ 5 Minuten: Pause machen
- ✔ 25 Minuten: Konzentriert arbeiten
- ✔ 5 Minuten: Pause machen
- ✔ 25 Minuten: Konzentriert arbeiten
- ✔ 30 Minuten: Pause machen
- ✔ 25 Minuten: Konzentriert arbeiten
- ✔ 5 Minuten: Pause machen
- ✔ ...

Die Pomodoro-Technik ist eine nützliche Methode, um in kurzer Zeit hochproduktiv zu arbeiten. Dabei legst du zuerst deine Aufgabe schriftlich fest und unterteilst diese dann in kleine Schritte. Durch die eng gefassten Deadlines wirst du gezwungen, für ein paar Minuten fokussiert und ohne Ablenkungen an deinem Projekt zu arbeiten. Du musst dich konzentrieren und darfst keine Zeit vertrödeln. Solltest du eine Aufgabe nicht innerhalb eines Intervalls beenden können, setzt du die Bearbeitung einfach nach der Pause fort. Wirst du hingegen eher fertig, beginnst du mit der nächsten Aufgabe.

So motivierst du dich von Einheit zu Einheit – ohne dabei zu sehr unter Druck zu geraten, weil du nach jeder Belastung eine kurze Pause einlegst. Durch die Kombination und Aneinanderreihung der Pomodoro-Einheiten wirst du in eine Phase versetzt, in der du ohne Störung an deinen Zielen arbeiten kannst – immer mit der Gewissheit, dass schon bald die nächste Pause naht. Die kurzen Zeitintervalle lockern deinen Arbeitsrhythmus auf und die vielen Pausen sorgen für zwischenzeitliche Entspannung. So kannst du über einen langen Zeitraum konzentriert lernen und hochproduktiv arbeiten.

✿ Anleitung

Die Pomodoro-Technik kannst du ohne viel Aufwand und für fast jede Aufgabe einsetzen. Alles, was du dazu brauchst, ist ein Arbeitsplatz, etwas zu schreiben und eine Stoppuhr (ein Smartphone eignet sich ebenfalls). Insgesamt besteht die Methode aus diesen Schritten:

Schritt 1: Lege eine Aufgabe fest!

- ✔ Wähle eine Tätigkeit und formuliere diese schriftlich.

Schritt 2: Bestimme eine Pomodoro-Struktur!

- ✔ Lege die Arbeits- und Erholungsintervalle fest.

Schritt 3: Stelle eine Stoppuhr auf deine Pomodoro-Einheit!

- ✔ So lange wirst du gleich arbeiten.

Schritt 4: Bearbeite deine Aufgabe!

- ✔ Arbeite fokussiert und konzentriert – ohne Ablenkung.

Schritt 5: Mache Pause!

- ✔ Jetzt darfst du dich kurz ablenken und erholen.

Danach beginnst du von vorne. Nach der vierten Pomodoro-Einheit legst du eine längere Pause von ca. 30 bis 45 Minuten ein und startest im Anschluss erneut mit einem Vierer-Set. Die Dauer der Arbeitseinheiten kannst du an deinen persönlichen Rhythmus und deine individuellen Vorlieben anpassen; kürzer als 15 Minuten und länger als 45 Minuten sollten sie allerdings nicht sein.

★ Beispiel

Bei der Pomodoro-Technik ist es besonders wichtig, dass du deine Aufgaben klar definierst und so aufteilst, dass du sie in den kurzen Zeitintervallen sinnvoll bearbeiten kannst. Sehen wir uns dazu zwei Beispiele an.

Beispiel 1 (Zusammenfassung schreiben):

- ✔ 25 Minuten: Studienskript zusammenfassen (Seite 1 bis 22)
- ✔ 5 Minuten: Pause
- ✔ 25 Minuten: Studienskript zusammenfassen (Seite 23 bis 38)
- ✔ 5 Minuten: Pause
- ✔ 25 Minuten: Studienskript zusammenfassen (Seite 39 bis 52)
- ✔ 5 Minuten: Pause
- ✔ 25 Minuten: Studienskript zusammenfassen (Seite 53 bis 80)
- ✔ 30 Minuten: Pause
- ✔ 25 Minuten: Studienskript zusammenfassen (Seite 81 bis 97)
- ✔ ...

Beispiel 2 (Hausarbeit schreiben):

- ✔ 30 Minuten: Recherchieren und Quellen sammeln
- ✔ 5 Minuten: Pause machen
- ✔ 30 Minuten: Stichworte und Notizen erstellen
- ✔ 5 Minuten: Pause machen
- ✔ 30 Minuten: Text schreiben (ohne Korrektur)
- ✔ 5 Minuten: Pause machen
- ✔ 30 Minuten: Text korrigieren und redigieren
- ✔ 45 Minuten: Pause machen
- ✔ 30 Minuten: Text schreiben (ohne Korrektur)
- ✔ ...

✎ Aufgabe

Bestimme eine wichtige Aufgabe und stelle dazu einen Pomodoro-Plan auf! Starte anschließend die erste Pomodoro-Einheit und arbeite mit höchster Konzentration an deinem Projekt!

Zusammenfassung

In diesem Kapitel hast du gelernt, wie du produktiv für dein Fernstudium lernen kannst. Dazu haben wir uns angesehen, wie du deine Lerneinheiten vorbereiten kannst und wie wichtig Singletasking sowie Pausen für deinen Lernerfolg sind. Vereint werden diese Konzepte mithilfe der Pomodoro-Technik:

- ✔ Wenn du deine Aufgaben geschickt vorbereitest, sparst du Zeit und kannst deutlich produktiver lernen und arbeiten.
- ✔ Eine inhaltliche, praktische und mentale Vorbereitung führt dazu, dass du Aufgaben seltener unterbrechen musst und diese schneller erledigen kannst.
- ✔ Multitasking, also das gleichzeitige Bearbeiten mehrerer Aufgaben, macht dich ineffektiv und ineffizient.
- ✔ Singletasking verbessert hingegen deine Produktivität und sorgt dafür, dass du deine Aufgaben schneller und besser erledigen kannst.
- ✔ Beim Singletasking führst du nur eine einzige Tätigkeit zur gleichen Zeit aus und bündelst damit deine Konzentration auf eine Aufgabe.
- ✔ Kleine Erholungspausen zwischen deinen Aktivitäten sorgen dafür, dass du langfristig konzentriert und leistungsfähig bleibst.
- ✔ Sorge dafür, dass du dich in deinen Pausen körperlich und mental erholst, damit deine Auszeiten maximal regenerativ wirken.
- ✔ Bei der Pomodoro-Technik unterteilst du deine Aufgabe und bearbeitest diese in kleinen, effizienten Zeitintervallen von ca. 25 Minuten.
- ✔ Nach jeder Pomodoro-Einheit machst du eine kleine Erholungspause und arbeitest danach mit voller Konzentration weiter.

KAPITEL 6

Deine Starthilfe

Einleitung

Dein Plan steht, der Fokus ist eingestellt, alle Voraussetzungen für produktives Lernen sind geschaffen – jetzt musst du nur noch anfangen. Auf geht's! Wenn das nur so einfach wäre. Mit einer neuen Aufgabe zu beginnen, ist leichter gesagt als getan. Besonders, wenn es um anspruchsvolle Weiterbildungstätigkeiten geht, stellt uns das Anfangen regelmäßig vor große Probleme. Motivationsprobleme, um genau zu sein. Fast alle Menschen dieser Welt haben mit solchen Startschwierigkeiten zu kämpfen. Der Fachbegriff dafür lautet „Prokrastination": das Aufschieben wichtiger Aufgaben. Dieser innere Drang hindert uns daran, produktiv zu sein und zerstört regelmäßig unsere Zeitpläne, weil wir viel zu lange brauchen, um in die Gänge zu kommen.

Du kennst das: Eigentlich möchtest du mit dem Durcharbeiten des neuen Studienheftes beginnen, aber stattdessen putzt du erst mal die Wohnung. Oder: Anstatt endlich mit dem Schreiben der Hausarbeit anzufangen, telefonierst du lieber mit einer Freundin und schaust anschließend deine Lieblingsserie. Besonders dann, wenn es um komplexe Aufgaben geht, werden viele Menschen zum Prokrastinationsweltmeister. Sie erfinden Ausreden und suchen sich Ablenkung, sobald ein ungemütlicher Punkt auf der To-do-Liste erscheint. Doch dieses Beschäftigen mit Nebensächlichkeiten ist alles andere als produktiv. Kurzfristig verschafft dir das Hinauszögern einer wichtigen Aufgabe zwar etwas Erleichterung. Langfristig setzt dich dieses Verhalten jedoch unter enormen Druck und reduziert die Qualität deiner späteren Ergebnisse. Nicht nur in Bezug auf dein Fernstudium, sondern in allen wichtigen Lebensbereichen.

Daher musst du einen Weg finden, wie du mit der Prokrastination umgehen kannst. Ziel dabei sollte nicht sein, dass du deine Leichtigkeit verlierst und zu einer vollautomatischen Arbeitsmaschine mutierst – es reicht, wenn du deine Aufschieberitis bewusst wahrnimmst und dann kluge Gegenmaßnahmen einleitest. Sobald du verstanden hast, warum du tust, was du tust, wird es dir viel leichter fallen, diese Gewohnheiten zu ändern und nachhaltig bessere Entscheidungen zu treffen. Wie dir das gelingt und mit welchen Strategien du deine Entprokrastination einleiten kannst, lernst du in diesem Kapitel.

Dazu wenden wir zunächst die mächtige Fünf-Minuten-Regel an. Mit diesem psychologischen Trick neutralisierst du die größte Eingangshürde für unangenehme Aufgaben und erhöhst deine Motivation. Danach sehen wir uns an, welchen Einfluss Deadlines auf deine Arbeitsweise haben und wie du diesen Mechanismus zukünftig für dich nutzen kannst. Im Anschluss sprechen wir über ungesunden Perfektionismus und analysieren, wie dich diese Arbeitseinstellung daran hindert, wichtige Aufgaben in Angriff zu nehmen. Danach erfährst du, wie du nervige Prokrastinationsattacken abwehren und dich gegen Ablenkungen beim Lernen schützen kannst.

In diesem Kapitel lernst du,

- ✔ warum fünf Minuten ausreichen, um deine Prokrastination zu überwinden und endlich mit dem Lernen anzufangen.
- ✔ wie dir Deadlines dabei helfen, endlich mit wichtigen Aufgaben zu beginnen.
- ✔ warum dir dein Perfektionismus häufig im Weg steht und wie du es schaffst, weniger daran zu verzweifeln.
- ✔ wie du Prokrastinationsattacken mit dem Eine-Sekunde-Schutzschild abwehren kannst.

Fünf-Minuten-Regel

Bei vielen Aufgaben, die dein Fernstudium betreffen, ist der Anfang der schwierigste Teil. Warum? Weil Tätigkeiten wie „lernen“ oder „studieren“ einen endlosen Charakter besitzen. Gefühlt wirst du mit diesen To-dos nie fertig, weil es immer noch etwas zu tun gibt: Du könntest das Kapitel noch mal lesen, deine Karteikarten ein drittes Mal wiederholen oder noch eine zusätzliche Übungsaufgabe lösen. Durch dieses schier unendliche Ausmaß wirken Weiterbildungsmaßnahmen bedrückend umfangreich und aufwendig. Das hat zur Folge, dass du entweder nicht genau weißt, an welcher Stelle du beginnen sollst, oder generell keine Lust hast, mit der Arbeit loszulegen. Doch hast du diesen ersten Schritt einmal überwunden, geht es deutlich einfacher voran. An diesem kritischen Punkt hilft dir die Fünf-Minuten-Regel:

- ✔ Bei dieser Methode legst du eine kleine konkrete Aufgabe fest und bearbeitest sie nur fünf Minuten lang. Danach hältst du kurz inne und entscheidest, ob du weitermachst.

Wenn du nach fünf Minuten absolut keine Lust mehr hast, dann hörst du einfach auf, unternimmst etwas anderes und startest später einen neuen Anlauf. Der Trick an der Sache ist jedoch, dass du nach fünf Minuten sehr wahrscheinlich nicht aufgeben wirst. Die meisten denken sich nämlich:

- ✔ „Jetzt habe ich mich einmal überwunden und angefangen, dann kann ich auch weitermachen.“

Besonders bei großen Aufgaben funktioniert die Fünf-Minuten-Regel ganz hervorragend. Durch eine kleine und einfache Anfangshandlung kommst du in Schwung und lässt dich nicht von deiner großen Herausforderung abschrecken. Du denkst also wieder in Schritten und arbeitest dich von Etappe zu Etappe – aber ohne direkt einen ganzen Berg Arbeit vor dir zu haben.

Bedrückende und zeitintensive Aufgaben, auf die du eigentlich keine Lust hast, wirken gar nicht mehr so schlimm, wenn du dich nur fünf Minuten lang mit ihnen beschäftigen musst. Deshalb ist diese Methode gerade für

Menschen mit einem Fernstudium, die unter chronischem Zeitmangel leiden und es eher mit komplexen Aufgaben zu tun haben, besonders gut geeignet.

Wie kann das in der Praxis funktionieren? Stell dir vor, du musst eine Hausarbeit verfassen, kannst dich aber nicht zum Schreiben durchringen. Also bestimmst du eine kleine Teilaufgabe und fängst einfach an. So könntest du beispielsweise fünf Minuten lang an einem Absatz aus Kapitel 1 arbeiten und danach entscheiden, ob du weiterschreibst oder nicht. Gleiches gilt, wenn du dich auf eine Prüfung vorbereiten möchtest: nur fünf Minuten im Studienheft lesen, nur fünf Minuten Karteikarten schreiben, nur fünf Minuten alte Prüfungsaufgaben lösen und so weiter.

Die Fünf-Minuten-Regel ist ein einfaches und praktisches Mittel gegen das Aufschieben, mit dessen Hilfe du deine Startschwierigkeiten überwinden kannst. Sie erleichtert dir das Anfangen und ebnet dir den Weg in einen produktiven Arbeitsrhythmus. Außerdem bringt dich diese Herangehensweise dazu, über die Struktur und Aufteilung deines „Fernstudien-Projekts" nachzudenken: Wie sehen die einzelnen Schritte aus? Wie kannst du am besten vorgehen? Wie lassen sich Aufgaben unterteilen und am schnellsten erledigen? Was wäre eine sinnvolle Reihenfolge?

Mithilfe dieser einfachen Regel musst du dich kaum noch überwinden und wirst – durch die kleine Fünf-Minuten-Schranke in deinem Kopf – viel motivierter und produktiver an neue Aufgaben herangehen. Fünf Minuten hast du immer. Und dich fünf Minuten lang mit einer unliebsamen Aufgabe auseinanderzusetzen, schaffst du auch. Was danach kommt, wird sich zeigen. Selbst wenn du dich dazu entschließt, nach fünf Minuten aufzuhören, hast du immerhin ein kleines bisschen für dein Fernstudium getan. Und das ist deutlich besser und motivierender als ein Tag ohne Fortschritt.

✿ Anleitung

Die Fünf-Minuten-Regel kannst du auf viele Bereiche deines Fernstudiums anwenden. Sie ist ein Multifunktionsstarthelfer und ganz einfach in der Umsetzung. Halte dich an diese Schritte:

Schritt 1: Bestimme eine Aufgabe!

- ✔ Was möchtest du tun?

Schritt 2: Unterteile deine Aufgabe in kleine Etappen!

- ✔ Aus welchen Schritten besteht deine Aufgabe?

Schritt 3: Lege den ersten Schritt fest!

- ✔ Womit musst du anfangen?

Schritt 4: Arbeite fünf Minuten an diesem ersten Schritt!

- ✔ Was spricht gegen fünf kleine Minuten?

Schritt 5: Entscheide, ob du weitermachst!

- ✔ Wenn nein: Wann startest du den nächsten Anlauf?

Die Fünf-Minuten-Regel kannst du den gesamten Tag lang anwenden, ohne dass ihre Wirkung nachlässt. Wähle einfach eine Aufgabe aus, bestimme die verschiedenen Schritte, lege einen Startpunkt fest und fange direkt an. Ziehe es einfach durch und überlege dir erst nach fünf Minuten, ob du Lust hast weiterzumachen oder lieber wieder aufhören möchtest. Du hast keinen Druck und kannst dich nach dieser kurzen Zeit frei entscheiden.

Achte nur darauf, dass du deine Aufgaben nicht zu groß wählst, damit du auch wirklich leicht in Schwung kommst. Dazu kannst du vorher eine feste Etappenlänge für den Idealfall festlegen (du hörst nicht nach fünf Minuten auf, sondern arbeitest weiter) und anschließend eine Pause machen. Danach startest du wieder für fünf Minuten mit einem neuen Schritt. Ähnlich wie bei der Pomodoro-Technik aus dem vorigen Kapitel.

★ Beispiel

Die Anwendung der Fünf-Minuten-Regel erinnert an das Konzept der Non-Zero Days, aber durch die zeitliche Limitierung auf fünf Minuten ist sie flexibler und erfordert weniger Überwindung. Dazu drei konkrete Beispiele:

Fünf Minuten lesen:

- ✔ Aufgabe bestimmen: Studienheft für Modul X lesen
- ✔ Aufgabe unterteilen: Kapitel 1, Kapitel 2 …
- ✔ Anfang festlegen: Einen Absatz aus Kapitel 1 lesen
- ✔ Los geht's: Lies fünf Minuten lang!

Fünf Minuten lernen:

- ✔ Aufgabe bestimmen: Karteikarten auswendig lernen
- ✔ Aufgabe unterteilen: Karte Nr. 1, Karte Nr. 2 …
- ✔ Anfang festlegen: Karte Nr. 1 lernen
- ✔ Los geht's: Lerne fünf Minuten lang!

Fünf Minuten schreiben:

- ✔ Aufgabe bestimmen: Studienarbeit schreiben
- ✔ Aufgabe unterteilen: Einleitung, Stand der Forschung …
- ✔ Anfang festlegen: Einen Satz der Einleitung schreiben
- ✔ Los geht's: Schreibe fünf Minuten lang!

✎ Aufgabe

Wende die Fünf-Minuten-Regel an und beginne sofort mit der Bearbeitung einer Aufgabe – aber nur fünf Minuten lang!

Deadlines

Viele deiner geplanten Aufgaben entwickeln erst dann eine gewisse Triebkraft, wenn du sie mit Verbindlichkeit ausstattest. Dafür bietet sich ein Planungswerkzeug besonders an: Deadlines. Deadlines bauen Druck auf und zwingen dich dazu, eine Aufgabe innerhalb einer bestimmten Frist fertigzustellen. Wenn du dir selbst eine Deadline setzt, drängst du dich zu produktivem Arbeiten und musst dich aufs Wesentliche konzentrieren. Für Kleinkram und Abschweifungen hast du keine Zeit mehr, weil dir die Frist im Nacken sitzt. Deswegen sind Deadlines so nützlich; unbequem und nervig, aber nützlich. Im täglichen Leben läufst du Deadlines an jeder Ecke über den Weg: Besprechungstermine, Lieferfristen oder die Abgabe deiner Steuererklärung. All dies sind Deadlines, die dein Handeln antreiben. Jeder kennt sie – und fast jeder findet sie nervig. Dabei ist eine Deadline an sich etwas Gutes und kann dir helfen, fokussiert für dein Fernstudium zu arbeiten. Damit dir das gelingt, sehen wir uns die beiden wichtigsten Grundregeln an.

Zunächst widmen wir uns dem Parkinson'schen Gesetz. Der britische Soziologe Cyril Parkinson hat den menschlichen Umgang mit Zeit und das Verhalten in Stresssituationen untersucht. Seine Feststellung lautet:

- ✔ Eine Aufgabe dehnt sich in genau dem Maß aus, wie Zeit für ihre Erledigung zur Verfügung steht.

Das bedeutet: Aufgaben ohne genaue Terminierung sind sehr dehnbar und nehmen riesige Zeitfenster ein. Produktives Arbeiten ist fast unmöglich, weil wir Menschen wahre Meister darin sind, uns selbst zu sabotieren und nach Ablenkungen zu suchen. Eine Deadline hingegen schärft den Fokus. Wir werden dazu gezwungen, uns auf die wichtigen Dinge zu konzentrieren, weil keine Zeit für Nebensächlichkeiten bleibt. Aus diesem Grund solltest du für jede deiner Aufgaben eine Deadline festlegen, die den zeitlichen Bearbeitungsrahmen beschränkt und dich dazu bringt, effizient und schnell zu handeln. Bestimmst du hingegen keine Frist zur Fertigstellung, wirst du deine Arbeit viel eher aufschieben und hinauszögern.

Mit einer sinnvollen Terminierung passiert dir das nicht. Zudem hat eine bevorstehende Deadline großen Einfluss darauf, mit wie viel Elan du die nächste Herausforderung angehst. Erst kurz vor dem Stichtag werden viele Menschen produktiv. Die Deadline zwingt sie nämlich dazu, mit voller Aufmerksamkeit an einer einzigen Sache zu arbeiten. Dieses Phänomen wird mit der Edwards-Regel beschrieben. Sie lautet:

- ✔ Der investierte Aufwand in die Erledigung einer Aufgabe steigt umgekehrt proportional zur verbleibenden Zeit.

Das bedeutet: Je weniger Zeit du für eine Aufgabe hast, desto mehr legst du dich ins Zeug. Und andersherum: Wenn noch viel Zeit bis zur Deadline bleibt, wirst du nur mit minimalem Einsatz an deiner Aufgabe arbeiten. Grafisch kannst du dir das so vorstellen:

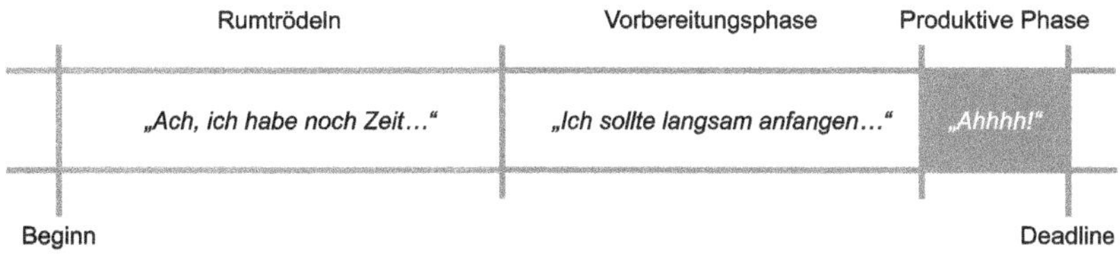

Dein Ziel sollte also sein, möglichst schnell in die produktive Phase zu gelangen, weil dort die meisten Ergebnisse erreicht werden. Diese beiden Gesetzmäßigkeiten (Parkinson'sches Gesetz und Edwards-Regel) kannst du dir zunutze machen, indem du jede deiner Aufgaben mit einer Deadline versiehst und diese eher knapp ansetzt. Achte darauf, dass deine Deadline zeitnah und verbindlich ist. Deadlines, die erst in mehreren Wochen oder Monaten relevant werden, bringen dich nicht weiter. Solche Termine bauen nur mentalen Druck auf und verleiten dich dazu, ineffizient zu arbeiten. Genauso wenig helfen dir Deadlines, die überhaupt keinen Druck auf dich ausüben. Wenn du schon von Anfang an weißt, dass ein Überschreiten der Frist keine Konsequenzen für dich haben wird, ist deine Deadline wertlos. Du brauchst also einen Kontrollmechanismus, damit du dich auch daran hältst. Das können Sanktionen, Belohnungen oder andere „Anreize“ sein.

✿ Anleitung

Deadlines kannst du für nahezu alle Aufgaben aus deinem Fernstudium einsetzen. Besonders hilfreich sind sie bei unangenehmen To-dos oder jenen Herausforderungen, die viel Zeit in Anspruch nehmen. An der folgenden Anleitung kannst du dich bei der Umsetzung orientieren:

Schritt 1: Definiere eine Aufgabe und formuliere diese schriftlich!

- ✔ Was möchtest du tun?

Schritt 2: Weise deiner Aufgabe eine zeitnahe Deadline zu!

- ✔ Wann soll die Aufgabe erledigt sein?

Schritt 3: Sorge für Verbindlichkeit!

- ✔ Welche Konsequenzen drohen beim Verpassen der Deadline? Wie belohnst du dich, wenn du die Deadline einhältst?

Mit dem dritten Schritt baust du persönlichen Druck bzw. einen zusätzlichen Anreiz auf und verleihst deiner Deadline damit Kraft. Achte an dieser Stelle auf ein sinnvolles Maß, damit du auf der einen Seite nicht unter zu starken Stress gerätst, auf der anderen Seite aber nicht nachlässig wirst.

Bei umfangreichen Aufgaben, deren Frist weit in der Zukunft liegt, kannst du mit Zwischen-Deadlines arbeiten. Strukturiere deine Aufgabe dazu in Teilschritte und weise jeder einzelnen Etappe eine Zwischen-Deadline zu. So kannst du selbst bei weitreichenden To-dos für zeitnahe Verbindlichkeit sorgen.

Außerdem kann es hilfreich sein, künstliche Deadlines zu erzeugen, indem du zum Beispiel eine Aufgabe 15 Minuten vor einem festen Telefontermin beginnst oder auf eine halbe Stunde vor dem Zubettgehen legst. Auf diese Weise bist du gezwungen, in der verfügbaren Zeit fertig zu werden, weil du sonst andere Fristen und Termine vernachlässigen würdest.

★ Beispiel

Deadlines sind nützlich und können dich zu Höchstleistungen motivieren. Allerdings nur, wenn du sie so einsetzt, dass sie dich fordern – aber nicht überfordern. Mit verbindlichen Deadlines in naher Zukunft kannst du deine Produktivität deutlich erhöhen. Wichtig ist, dass du allen Aufgaben eine genaue Frist zuordnest und dich auch daran hältst. Sehen wir uns dazu zwei unterschiedliche Beispiele an:

Beispiel 1 (kleine, nahe Deadlines):

- ✔ Heute, 16:00 Uhr: Kapitel 3 zu Ende gelesen
- ✔ Morgen, 18:00 Uhr: Studienheft durchgearbeitet
- ✔ Übermorgen, 10:00 Uhr: Hausarbeit eingereicht

Beispiel 2 (große, entfernte Deadlines):

- ✔ Deine Prüfung ist in acht Wochen. Damit liegt diese Deadline zu weit in der Zukunft und würde dir nicht helfen. Deshalb verteilst du deine Lerninhalte über die acht Wochen und weist jedem Zwischenschritt eine eigene Frist zu.

  Das könnte dann so aussehen:

  - → 1. Woche: Alle Unterlagen zusammengestellt
  - → 2. Woche: Zusammenfassung geschrieben
  - → 3. Woche: Alle Definitionen auswendig gelernt
  - → 4. Woche: Zusammenfassung gelernt
  - → 5. Woche: Alle Übungsaufgaben wiederholt
  - → 6. Woche: …

✎ Aufgabe

Nutze das Parkinson'sche Gesetz sowie die Edwards-Regel und bestimme für jede deiner aktuellen Aufgaben eine verbindliche Deadline!

Anti-Perfektionismus

Perfektionismus ist ein heikles Thema, zu dem es sehr gegensätzliche Positionen gibt: Die einen bezeichnen sich als perfektionistisch und mögen diese Eigenschaft; die anderen beschränken sich bei allem, was sie tun, nur auf die wesentlichen Punkte und halten Perfektionismus für gefährlich. Die Wahrheit liegt – wie fast immer – irgendwo in der Mitte. Perfektionismus ist an sich weder gut noch schlecht. Es kommt vielmehr darauf an, wie du mit dieser Eigenschaft umgehst.

Arbeitest du andauernd zu oberflächlich und gibst dich bei jeder Gelegenheit nur mit dem Nötigsten zufrieden, wirst du nie über dich hinauswachsen. Deine Erfolge bleiben überschaubar und du erwirbst den Ruf, unzuverlässig zu sein. Führst du hingegen jede Aufgabe perfektionistisch aus und gibst dich erst mit dem Ergebnis zufrieden, wenn es annähernd 100 Prozent erreicht hat, verschwendest du deine Energie. In diesem Fall lähmt dich dein Perfektionismus und wird zu einem unersättlichen Zeitfresser.

Besonders wenn es darum geht, mit einer neuen Aufgabe zu beginnen, kann übersteigerter Perfektionismus problematisch sein. Er führt nämlich dazu, dass du dich selbst unter riesengroßen Druck setzt und eine unerfüllbare Erwartungshaltung dir gegenüber aufbaust. Damit kannst du dich so sehr blockieren, dass du die Übersicht verlierst, dich in Kleinkram verzettelst – oder gar nicht erst mit der Aufgabe beginnst, weil du schon zu Beginn keine Chance siehst, diese „perfekt" zu erledigen. Deadlines und Aufgabenpläne können so niemals eingehalten werden, was wiederum deine gesamte Zeitplanung zunichtemacht.

Wenn du neben Fernstudium und Beruf noch Zeit für Familie, Freunde und Hobbys haben möchtest, kannst du dir permanenten Perfektionismus nicht leisten. Andernfalls würdest du wichtige Lebensbereiche vernachlässigen und haarsträubende Fehler begehen. Ein dauerhafter Leistungseinbruch oder sogar gesundheitliche Folgen, wie etwa Depressionen, sind dann alles andere als unwahrscheinlich. Damit das nicht passiert, musst du die richtige

Balance für dich finden. Grundsätzlich ist es in Ordnung, wenn du bei einigen Aufgaben perfektionistisch handelst. Dies muss sich jedoch auf ein paar Ausnahmen beschränken. Ganz besonders in Bezug auf dein Fernstudium. Denn egal, um welches Studienfach oder um welche Prüfung es sich handelt: Es wird immer ein Thema geben, das noch besser, intensiver oder detaillierter gelernt werden könnte. Du wirst vermutlich nie an den Punkt kommen, an dem du etwas „perfekt" verstanden hast und „perfekt" wiedergeben kannst. Wenn du dir allerdings solch ein Ziel setzt, machst du dir selbst das Leben schwer.

Der folgende Leitsatz kann dir dabei helfen, dieses Mindset zu verinnerlichen und dich davor schützen, zu perfektionistisch zu arbeiten:

- ✔ Es darf nicht immer perfekt sein!

Nicht „Es *muss* nicht immer perfekt sein!" oder „Es *kann* nicht immer perfekt sein!", sondern „Es *darf* nicht immer perfekt sein!". Besonders dann, wenn du perfektionistisch veranlagt bist und beim Lernen jedes noch so kleine Detail recherchierst, beschreibst, ausrechnest oder nachliest, musst du dich selbst bremsen. Du musst lernen, dir den Perfektionismus zu verbieten, wenn du merkst, dass du nicht weiterkommst. Lösche deine Einstellung nicht komplett aus, setze sie stattdessen bewusst ein. Entwickle einen selektiven Perfektionismus, der es dir erlaubt, in bestimmten Phasen deines Fernstudiums extrem genau und ausführlich zu arbeiten, während du dich in anderen Situationen bewusst zurückhältst und effizient deine Aufgaben erledigst.

Ja, das ist ein Balanceakt. Aber wenn du dir diese Fähigkeit antrainierst und gezielt einsetzen kannst, wird die Qualität deiner Arbeit enorm zunehmen. In deinem Fernstudium, im Beruf und auch in allen anderen Lebensbereichen. Du kannst dich dann je nach Aufgabe selbstständig motivieren und qualitativ hochwertige Leistungen abliefern, während du in anderen, unwichtigen Bereichen zwei Gänge zurückschaltest und dich bewusst mit weniger als 100 Prozent zufriedengibst.

✿ Anleitung

Anti-Perfektionismus kann man trainieren. Wie bei vielen anderen Techniken kommt es auch hier auf die richtige Vorbereitung an. Die folgenden Schritte helfen dir dabei:

Schritt 1: Wähle eine Aufgabe aus!

- ✔ Was möchtest du tun?

Schritt 2: Bestimme ein unperfektes Ziel!

- ✔ Wie musst du deine Aufgabe erledigen, sodass sie gerade noch deinen Anforderungen genügt?

Schritt 3: Identifiziere wesentliche Elemente!

- ✔ Auf welche Bestandteile der Aufgabe kannst du auf gar keinen Fall verzichten?

Schritt 4: Identifiziere unwichtige Elemente!

- ✔ Welche Bestandteile der Aufgabe bringen dich kaum weiter und können weggelassen werden?

Schritt 5: Erledige deine Aufgabe bewusst unperfekt!

- ✔ Es darf nicht immer perfekt sein!

Wenn du deine Aufgaben nach diesem Schema planst, machst du es deinem Perfektionismus schwer, unbemerkt in Erscheinung zu treten. Besonders die Schritte 3 und 4 werden dir dabei helfen, die wesentlichen Punkte im Blick zu behalten und dich nicht ausführlich mit Kleinkram zu beschäftigen.

Der bedeutendste Effekt ist jedoch, dass du vor Beginn der Aufgabe nicht mehr das Gefühl hast, eine perfekte Leistung abliefern zu müssen, weil du dir bewusst ein unperfektes Ziel setzt. Falls du deine Aufgabe nachher doch ein bisschen besser erledigst als geplant, ist das auch nicht tragisch. Hauptsache, du lässt dich nicht von deiner Erwartungshaltung blockieren.

★ **Beispiel**

Perfektionistisches Handeln äußert sich sehr unterschiedlich. Eine unperfekte Zielsetzung ist der einfachste Weg, um mit dieser Arbeitseinstellung Schluss zu machen. Dazu sehen wir uns zwei Beispiele an:

Beispiel 1 (Studienheft durcharbeiten):

- ✔ Aufgabe bestimmen: Studienheft durcharbeiten
- ✔ Unperfektes Ziel: Seite 31 bis 48 lesen und verstehen
- ✔ Wesentliche Elemente: Text lesen, Beispiele nachvollziehen, Stichpunkte machen, Fachbegriffe recherchieren …
- ✔ Unwichtige Elemente: Textstellen markieren, ausführliche Hintergrundinformationen sammeln, eine perfekte Zusammenfassung schreiben …
- ✔ Los geht's: Erledige deine Aufgabe bewusst unperfekt!

Beispiel 2 (Hausarbeit schreiben):

- ✔ Aufgabe bestimmen: Eine Seite der Hausarbeit schreiben
- ✔ Unperfektes Ziel: Eine unperfekte Seite schreiben
- ✔ Wesentliche Elemente: Überschrift schreiben, Stichpunkte machen, Platzhalter für Grafiken einsetzen, Notiz für Quellenangaben anlegen, Text runterschreiben …
- ✔ Unwichtige Elemente: Informationen recherchieren, Tippfehler und Satzbau korrigieren, ausführliche Fußnoten anlegen, Seiten-Layout gestalten …
- ✔ Los geht's: Erledige deine Aufgabe bewusst unperfekt!

✎ **Aufgabe**

Identifiziere drei Aufgaben, die du häufig zu perfektionistisch ausführst, und beschließe, dich ab sofort auf die wesentlichen Elemente zu beschränken!

Eine-Sekunde-Schutzschild

Wenn du mit einer neuen Aufgabe aus deinem Fernstudium beginnst, kann es dir passieren, dass du schon nach kurzer Zeit abgelenkt wirst. Gerade die ersten Minuten nach dem Start sind kritisch. Wenn du in diesem Zeitfenster nicht aufpasst, schlägt die Prokrastination gnadenlos zu und beseitigt die gesamte Anfangsdynamik, die du dir mühevoll erkämpft hast. Das Gemeine daran ist: Die Prokrastination wird sich nicht ankündigen; sie kann dich jederzeit überfallen – egal, wie sehr du dich gedanklich darauf einstellst. Es wird immer Momente oder Gelegenheiten geben, in denen du deinem Drang, etwas aufzuschieben, kaum standhalten kannst. Selbst dann, wenn du dich inmitten einer Konzentrationsphase befindest. Wirst du nur für eine Millisekunde abgelenkt, kann das eine Kettenreaktion nach sich ziehen, die dich letztendlich in unproduktive Verhaltensmuster zurückwirft. Ein wirksames Konzept, um in solchen Situationen schnell reagieren zu können, ist der Eine-Sekunde-Schutzschild. Der Autor Philipp Barth beschreibt die Methode folgendermaßen:

- ✔ Wenn dich die Prokrastination heimsucht, musst du schnell reagieren und den Angriff abwehren. Dazu legst du dir einen motivierenden Gedanken zurecht, der dich in einem schwachen Moment schützt: dein Eine-Sekunde-Schutzschild.

Die „eine Sekunde" soll verdeutlichen, dass der Gedanke schnell griffbereit sein muss. Du hast keine Zeit für lange Sachdiskussionen, wenn die Aufschieberitis um die Ecke kommt – du musst ihr sofort etwas entgegenhalten. Ein kurzer, einfacher Gedanke eignet sich dazu am besten. Im Prinzip ist es eine zugespitzte Variante eines mentalen Bildes, vielleicht sogar eine verdichtete Form deiner Vision (Kapitel 1). Dieser Ausschnitt muss dich so stark emotionalisieren, dass die Prokrastination keine Chance hat und daran abprallt.

Was du bei deinem persönlichen Schutzgedanken grundsätzlich beachten solltest: Erstens muss der Gedanke stark und motivierend sein. Nur wenn dein mentales Bild einen positiven Impuls in dir auslöst, eignet er sich als

Gegenmittel zur Bekämpfung der Aufschieberitis. Ist dein Gedanke hingegen zu schwach, verpufft seine Wirkung. Zweitens muss der Gedanke einfach und klar sein. Ist dein Schutzschild zu komplex, dauert es zu lange, bis du deine Abwehr organisiert hast. Die Prokrastination hat dann freie Bahn. Konzentriere dich daher auf den Kern deines mentalen Bildes. Hier ein Anwendungsbeispiel aus dem Lernalltag:

- ✔ Prokrastination: „Das Studienheft ist langweilig, schaue dir lieber ein paar lustige YouTube-Videos an!"
- ✔ Schutzschild: „Stelle dir vor, wie stolz deine Familie auf dich sein wird, weil du dein Studium in Regelstudienzeit durchgezogen hast – und lerne weiter!"

Oder zur Verdeutlichung in einem anderen Kontext:

- ✔ Prokrastination: „Das Schreiben der Hausarbeit kann warten, räume lieber erst mal die Küche auf!"
- ✔ Schutzschild: „Stelle dir vor, dass dich deine Chefin befördern wird, weil du deine Bachelorarbeit mit einer 1,0 bestanden hast – und schreibe weiter!"

Der Eine-Sekunde-Schutzschild ist eine einfache und effektive Hilfe, die dir beim Studieren (und generell bei der Arbeit) den Rücken freihalten kann. Dazu musst du dir nur einen starken Gedanken zurechtlegen, diesen mit einer positiven Emotion verknüpfen und dann so in deinem Bewusstsein verankern, dass du ihn schnell abrufen kannst, sobald Aufschiebegefahr droht. Wie dieser Gedanke ausgestaltet ist, spielt keine Rolle – er muss dich nur motivieren und stärker sein als der Drang, unproduktiven Ablenkungen nachzugehen.

Gewöhne dir an, für jede wichtige Aufgabe in deinem Fernstudium einen Schutzschild parat zu haben. Auf diese Weise stellst du sicher, dass deine Prioritäten geschützt sind und du deine Zeit klug einsetzt. Die Aufschieberitis wird dann an dir abprallen und hat keine Chance mehr, dich von der Verwirklichung deiner Ziele abzuhalten.

✿ Anleitung

Wenn die Aufschieberitis zuschlägt, brauchst du einen schnellen Schutzmechanismus. Für lange Überlegungen bleibt keine Zeit – sonst wirst du überrumpelt. Mit den folgenden fünf Schritten schmiedest du deinen eigenen Schutzschild, der dich schnell und zuverlässig verteidigt:

Schritt 1: Bestimme eine Aufgabe!

- ✔ Lege eine Aufgabe oder Tätigkeit fest, für die du einen Schutzschild erstellen möchtest.

Schritt 2: Definiere ein Ziel!

- ✔ Formuliere ein schriftliches Ziel für deine Aufgabe oder Tätigkeit, damit du genau vor Augen hast, worauf du hinarbeiten möchtest.

Schritt 3: Visualisiere das Ergebnis!

- ✔ Stelle dir das Ergebnis deiner Arbeit bildlich vor und male es dir im Detail aus.

Schritt 4: Konzentriere dich auf einen Vorteil!

- ✔ Wähle aus dieser Vorstellung den größten Vorteil für dich aus und konzentriere dich nur auf diese eine Sache.

Schritt 5: Verbinde Emotionen mit diesem Vorteil!

- ✔ Wie fühlt es sich an, wenn du deine Aufgabe zu Ende bringen und das Ergebnis erreichen würdest?

Bevor du mit einer neuen Aufgabe beginnst, kannst du dir mit dieser Anleitung einen entsprechenden Schutzschild zurechtlegen. Versuche dabei, deinen Schutzgedanken schnell abrufbereit zu verankern, damit du sofort reagieren kannst, wenn du dich einer Prokrastinationsattacke ausgesetzt siehst. Zur Sicherheit solltest du deinen Eine-Sekunde-Schutzschild aufschreiben und in Sichtweite haben.

★ **Beispiel**

Grundsätzlich solltest du für jede Aufgabe aus deinem Fernstudium einen passenden Schutzschild parat haben. Es muss nicht immer ein unterschiedlicher sein, aber eine gewisse Variation sorgt dafür, dass sich deine Schutzgedanken nicht abnutzen. Dazu sehen wir uns drei Beispiele an:

Beispiel 1 (Karteikarten lernen):

- ✔ Prokrastination: „Dein Schreibtisch ist unordentlich. Sortiere lieber erst mal deine Unterlagen, bevor du dir die Karteikarten vornimmst!"
- ✔ Schutzschild: „Stelle dir vor, wie du eine 1,0 für die Prüfung bekommst und überglücklich deinen Notenspiegel checkst – und lerne weiter!"

Beispiel 2 (Buch lesen):

- ✔ Prokrastination: „Du bist zu müde zum Lesen, schaue dir lieber mal an, was auf deinen Social-Media-Plattformen los ist!"
- ✔ Schutzschild: „Stelle dir vor, wie du das gelesene Buch zufrieden in dein Bücherregal zurückstellst und dich noch Jahre später an das Wissen erinnerst – und lies weiter!"

Beispiel 3 (Übungsaufgabe lösen):

- ✔ Prokrastination: „Du kannst dich morgen um die Übungsaufgaben kümmern. Heute lohnt sich das eh nicht mehr!"
- ✔ Schutzschild: „Stelle dir vor, wie du zuversichtlich und gelassen die nächste Prüfung bestehen wirst, weil du jetzt nicht nachgelassen hast – und lerne weiter!"

✎ **Aufgabe**

Schmiede einen persönlichen Eine-Sekunde-Schutzschild für eine Aufgabe aus deinem Fernstudium, damit du für zukünftige Prokrastinationsattacken gewappnet bist!

Zusammenfassung

In diesem Kapitel hast du gelernt, wie du schnell und einfach mit neuen Aufgaben beginnen kannst. Dazu haben wir uns angesehen, dass nur fünf Minuten für einen gelungenen Start ausreichen und wie wichtig Deadlines in puncto Verbindlichkeit sind. Danach haben wir dem Perfektionismus abgeschworen und einen Schutzschild gegen die Prokrastination geschmiedet:

- ✔ Bei der Fünf-Minuten-Regel bearbeitest du eine Aufgabe nur fünf Minuten lang. Danach entscheidest du, ob du weitermachst oder aufhörst.
- ✔ Der Trick an der Sache ist, dass du nach fünf Minuten sehr wahrscheinlich nicht aufgeben wirst und denkst: „Jetzt habe ich einmal angefangen, dann kann ich auch weitermachen."
- ✔ Deadlines erzeugen eine zeitliche Verknappung und helfen dir dabei, schneller mit der Bearbeitung einer Aufgabe zu beginnen.
- ✔ Das Parkinson'sche Gesetz lautet: „Eine Aufgabe dehnt sich in genau dem Maß aus, wie Zeit für ihre Erledigung zur Verfügung steht."
- ✔ Die Edwards-Regel besagt: „Je weniger Zeit du für eine Aufgabe hast, desto mehr legst du dich ins Zeug."
- ✔ Übersteigerter Perfektionismus kann zu hartnäckigen Blockaden führen und dazu beitragen, dass du im Zweifel gar nicht erst mit der Bearbeitung einer Aufgabe beginnst.
- ✔ Dein neuer Perfektionismus-Leitsatz geht so: „Es darf nicht immer perfekt sein!"
- ✔ Der Eine-Sekunde-Schutzschild ist ein motivierender Gedanke, mit dem du Prokrastinationsattacken abwehren kannst, um nicht auf die Versuchung des Aufschiebens einzugehen.
- ✔ Dein mentaler Schutzgedanke sollte erstens stark und motivierend, sowie zweitens einfach und klar sein.

KAPITEL 7
Deine Motivation

Einleitung

Ein Fernstudium kann sehr herausfordernd sein und eine Menge Kraft kosten – besonders, wenn du es neben dem Beruf absolvierst. Durch die Zusatzbelastung wirst du regelmäßig an deine Grenzen geführt und musst über dich hinauswachsen. Insbesondere, wenn du Verpflichtungen aus anderen Lebensbereichen (Freunde, Familie, Hobbys) nicht vernachlässigen möchtest. Um all das in eine gesunde Balance zu bringen, brauchst du eine solide Strategie, Durchhaltevermögen und ganz besonders die Fähigkeit, dich ständig selbst motivieren zu können. Selbstmotivation ist die Schlüsselfähigkeit schlechthin für eine erfolgreiche Weiterbildung. Die beste Strategie ist wertlos, wenn du sie nicht entschlossen in die Tat umsetzen kannst und bis zum Ende durchhältst. Gelingt es dir hingegen dauerhaft, nicht nur die Prokrastination zu überwinden, sondern auch im Anschluss motiviert an deinen Zielen zu arbeiten, wirst du alles erreichen, was du dir vorgenommen hast.

Dabei wird es immer Phasen in deinem Leben geben, in denen deine To-do-Liste kein Ende nimmt und dein Kalender aus allen Nähten platzt. Eine Aufgabe jagt die nächste und deine Zeit reicht vorne und hinten nicht. Mit einer erledigten Sache flattern zig neue Herausforderungen auf deinen Schreibtisch – bis du schließlich das Gefühl hast, der Situation nicht mehr gewachsen zu sein. Wenn dann noch Aufgaben aus deinem Fernstudium hinzukommen oder eine Prüfung ansteht, kann die Stimmung schnell kippen. In diesen Momenten kommt es darauf an, dass du dich nicht hängen lässt, sondern den Kopf hochnimmst und weitermachst. Was viele Studierende in solch einer Situation jedoch tun: gar nichts. Da sie den Eindruck haben, ohnehin nichts ausrichten zu können, geben sie von vornherein auf. Sie sagen sich: „Ich schaffe das sowieso nicht", und verschieben ihr Fernstudium auf später. Doch diese Einstellung hat zur Folge, dass sie ihre Ziele tatsächlich nicht erreichen, sich in ihrem Pessimismus bestätigt fühlen und es beim nächsten Mal genauso machen. Ein Teufelskreis. Die klügsten und organisiertesten Menschen scheitern häufig an ihren Vorhaben, weil sie in der Sache nicht hartnäckig genug sind. Sie geben zu früh auf und schöpfen damit niemals ihr volles Potenzial aus. Damit dir so etwas nicht passiert, musst du ein paar Vorkehrungen treffen, die dir in hektischen Zeiten Antrieb und Kraft geben. Auf diese Weise wird es dir gelingen, aufkommende Frustration zu überstehen und dauerhaft motiviert zu bleiben. Du musst selbst dafür sorgen, dass du deine Probleme anpackst und deinen Herausforderungen mit einer positiven Einstellung begegnest. Welche Maßnahmen dir dabei helfen und wie du motivierende Gewohnheiten entwickeln kannst, sehen wir uns in diesem Kapitel an.

Dazu entwickeln wir zunächst ein individuelles Anreizsystem, damit du – je nach Bedarf – Strafen oder Belohnungen zur Steigerung deiner Motivation einsetzen kannst. Anschließend sorgen wir mit Goal Tracking dafür, dass du auch kleine Erfolge sichtbar machst und dich nicht in großen Aufgaben verrennst. Danach experimentieren wir mit Erfolgsspiralen. Dahinter verbirgt sich eine motivierende Arbeitstechnik in Intervallen, mit deren Hilfe du Anfangswiderstände beim Lernen reduzieren und dich schrittweise steigern kannst. Zum Schluss lernst du mit der Kettenregel eine Visualisierungsmethode kennen, die es dir ermöglicht, starke Lerngewohnheiten aufzubauen und zu festigen.

In diesem Kapitel lernst du,

- ✔ wie du attraktive Anreize zum Lernen schaffen kannst, die dich langfristig motivieren.
- ✔ warum du mithilfe von Goal Tracking auch kleine Erfolge visualisieren solltest, um bei großen Aufgaben nicht die Lust zu verlieren.
- ✔ wie du mithilfe von Erfolgsspiralen Schritt für Schritt deine Lernintensität steigern kannst.
- ✔ wie dir die Kettenregel dabei hilft, produktive Gewohnheiten in deinem Alltag zu etablieren.

Anreizsysteme

Bei einigen Plänen für dein Fernstudium reichen die schönsten Ziele und besten Erfolgsaussichten nicht aus, um dir einen motivierten Start zu ermöglichen. Manchmal hast du einfach keine Lust, abends dein Studienheft aufzuschlagen oder an einem sonnigen Samstag das nächste Vorlesungsvideo anzuschauen. Was du dann brauchst, sind konkrete Anreizsysteme, die eine Initialzündung bei dir auslösen.

Dies kann zum Beispiel eine Belohnung sein, auf die du dich freuen und hinarbeiten kannst. Sorry für den Vergleich, aber es ist so ähnlich wie mit dem Esel und der Karotte: Sobald du ein greifbares Ziel vor Augen hast, gibst du alles, um den Köder zu erreichen. Eine Belohnung beflügelt dich und hilft dir dabei, deine Aufgaben ergebnisorientiert zu erledigen. Du legst Sonderschichten ein und gibst das eine entscheidende Prozent mehr. Und das nur, weil dich am Ende etwas Schönes erwartet. Sobald du für die Verwirklichung deiner Ziele eine konkrete Belohnung festgelegt hast, entwickelst du eine deutlich aggressivere Dynamik und arbeitest viel fokussierter. Um diesen Effekt zu erzielen, muss die Belohnung nicht einmal besonders groß oder teuer sein. Wichtig ist nur, dass sie in dir den tiefen inneren Wunsch weckt, das gesetzte Ziel unter allen Umständen zu erreichen. Daher muss deine Belohnung einen wirklichen Mehrwert für dich darstellen und sollte Glücksgefühle in dir auslösen, beispielsweise so:

- ✔ „Wenn ich die nächste Prüfung bestehe, fahre ich danach für eine Woche in den Urlaub."

Oder etwas kurzfristiger für kleinere Zwischenziele:

- ✔ „Wenn ich heute 30 Minuten lang lerne, sehe ich mir im Anschluss eine Folge meiner Lieblingsserie an."

Wenn du hingegen versuchst, bei deinem Anreizsystem zu sparen und Abstriche bei deiner Belohnung machst, verfehlt diese Strategie ihren Sinn und der Effekt verpufft.

Anreizsysteme funktionieren nicht nur mit Belohnungen, sondern auch mit Strafen. Was zunächst etwas drastisch und altmodisch klingt, kann dir motivationstechnisch zum Durchbruch verhelfen. Eine drohende Bestrafung für den Fall, dass du deine Ziele verfehlst, kann deine Entschlossenheit vervielfachen und ungeahnte Kräfte freisetzen. Wenn du mit Strafen arbeitest, erhöhst du den Druck auf dich selbst. Du sorgst dafür, dass es ungemütlich wird, wenn du dich zum Beispiel vor dem Lernen drückst – denn in diesem Fall würde dir die festgelegte Konsequenz drohen. Dabei solltest du jedoch einige Feinheiten beachten, denn Strafen funktionieren nur, wenn du sie ausreichend streng und unangenehm gestaltest. Falls du dich mit fünf Minuten weniger Internet bestrafst oder im schlimmsten Fall die Chips beim Fernsehabend weglassen musst, wird dein Druckmittel keine große Wirkung entfalten. Das Gleiche gilt für übertrieben harte Strafen: Wenn du dir damit drohst, hungrig ins Bett zu gehen oder so lange kein Wasser zu trinken, bis du deine Aufgabe geschafft hast, bestrafst du dich zwar, schadest aber auch deiner Gesundheit. Und das ist völlig sinnlos. Besser wäre hingegen solch ein Anreiz:

- ✔ „Wenn ich heute nicht mindestens 30 Minuten lang lerne, bekomme ich für eine Woche Internetverbot."

Oder in Bezug auf ein langfristiges Ziel:

- ✔ „Wenn ich bis zum Monatsende nicht meine Hausarbeit fertig habe, spende ich 100 Euro an eine politische Partei, die ich nicht mag."

Angemessene Strafen festzulegen, ist ein Balanceakt: Deine Strafe muss dich motivieren, darf dich aber nicht vor Angst lähmen; sie muss ein wenig wehtun, sollte jedoch nicht ernsthaft schädlich für dich und deine Produktivität sein. Versuche deshalb, einen Mittelweg zu finden, bis du das richtige Maß für dein persönliches Anreizsystem gefunden hast. Für Belohnungen und Strafen gilt dabei gleichermaßen: Je exakter du sie festlegst, desto besser wirken sie. Außerdem solltest du die kleinen Vereinbarungen mit dir selbst jedes Mal aufschreiben, damit du sie stets vor Augen hast und keine Ausreden erfinden kannst.

✿ Anleitung

Das Festlegen von Belohnungen oder Strafen funktioniert nach einem ähnlichen Prinzip; es ändert sich jeweils nur die Konsequenz, wenn du eine Aufgabe erledigst bzw. nicht erledigst. Mithilfe der folgenden Schritte kannst du ein persönliches Anreizsystem ins Leben rufen:

Schritt 1: Bestimme eine Aufgabe!

- ✔ Wähle eine Aufgabe aus, die du mit einem Anreizsystem versehen möchtest.

Schritt 2: Definiere ein Ziel!

- ✔ Formuliere ein schriftliches Ziel für deine Aufgabe, an das du eine Konsequenz knüpfen kannst.

Schritt 3: Lege den zeitlichen Rahmen fest!

- ✔ Bestimme eine Frist, in der das zuvor festgelegte Ziel erreicht werden soll.

Schritt 4: Wähle eine Belohnung/eine Strafe!

- ✔ Lege eine Belohnung fest, falls du dein Ziel fristgerecht erreichst, bzw. bestimme eine Strafe für den Fall, dass du dein Ziel innerhalb der Deadline verfehlst.

Schritt 5: Schließe einen Vertrag mit dir selbst!

- ✔ Halte die beschlossenen Anreize schriftlich fest, damit sie ihre maximale Wirkung entfalten und dich optimal motivieren können.

Erinnere dich bei allen Belohnungen und Strafen daran, dass diese einen angemessenen Umfang haben sollten – nicht zu gering, aber auch nicht zu ausschweifend. Wenn du noch nie mit Anreizsystemen gearbeitet hast, bietet es sich an, zunächst potenzielle Belohnungen bzw. Strafen zu sammeln, diese gegenüberzustellen und erst dann geeigneten Aufgaben zuzuordnen.

★ Beispiel

Prinzipiell kannst du für jede Aufgabe sowohl eine Belohnung (für den Fall, dass du sie erledigst) als auch eine Strafe (für den Fall, dass du sie nicht erledigst) festlegen. Besonders bei unliebsamen Aufgaben kannst du deine Motivation mit diesem „doppelten Anreiz" stark erhöhen.

Achte jedoch darauf, dass du das jeweilige Ziel und die entsprechende Deadline deiner Aufgabe realistisch festlegst. Ziel und Frist sollten dich fordern – aber nicht überfordern. Dazu ein paar klassische Anwendungsbeispiele aus dem Alltag.

Beispiel (Belohnungen):

- ✔ „Wenn ich heute 60 Minuten lang lerne, darf ich morgen mit meiner Freundin ins Kino gehen."
- ✔ „Wenn ich in dieser Woche jeden Tag 30 Minuten in meinem Studienheft lese, treffe ich mich am Wochenende mit meinem Freund."
- ✔ „Wenn ich die Prüfung nächste Woche mindestens mit der Note 2,0 bestehe, kaufe ich mir eine neue Jacke."

Beispiel (Strafen):

- ✔ „Wenn ich heute nicht das neueste Vorlesungsvideo ansehe, zahle ich 50 Euro in die Strafkasse."
- ✔ „Wenn ich heute nicht mindestens 20 Karteikarten lerne, verzichte ich eine Woche lang auf Süßigkeiten."
- ✔ „Wenn ich heute nicht Kapitel 2 zu Ende lese, melde ich mich freiwillig für eine zusätzliche Hausarbeit."

✎ Aufgabe

Entwickle ein Anreizsystem für eine Aufgabe aus deinem Fernstudium, indem du eine Belohnung (für die fristgerechte Erledigung) und eine Strafe (für keine fristgerechte Erledigung) festlegst!

Goal Tracking

Bei langfristigen Zielen und umfangreichen Aufgaben kann es besonders schwierig sein, durchgehend motiviert zu bleiben. Das Kritische daran ist: Du lernst und arbeitest zwar kontinuierlich, siehst aber kaum Fortschritte. Obwohl du jetzt Zeit und Energie investierst, werden die Ergebnisse deiner Bemühungen erst viel später sichtbar. Natürlich ist dir das bewusst, doch diese Kombination kann deprimierend wirken. Aus diesem Grund ist es wichtig, dass du dir regelmäßig vor Augen führst, was du bisher schon erreicht hast. Sobald du deine Fortschritte visualisierst, wirst du erkennen, wie viel du schon geschafft hast. Das Weitermachen fällt dir dann deutlich leichter, obwohl das finale Ergebnis noch fast so weit entfernt ist wie zuvor. Die Methode bei dieser Form der Visualisierung wird als „Goal Tracking" bezeichnet. Dabei zerteilst du eine große, komplexe Aufgabe in Zwischenschritte, weist jeder dieser Teilaufgaben ein konkretes Ziel zu und bringst diese Struktur zu Papier. Anschließend beginnst du mit der Bearbeitung und kennzeichnest jedes Teilziel, das du erreicht hast:

- ☐ Aufgabe 1:
    - ☑ Teilaufgabe 1.1
    - ☑ Teilaufgabe 1.2
    - ☑ Teilaufgabe 1.3
    - ☐ Teilaufgabe 1.4
    - ☐ Teilaufgabe 1.5

Allein durch diese zusätzliche Ebene auf deiner To-do-Liste, die Teilaufgaben berücksichtigt, wirkt deine erbrachte Leistung viel eindrucksvoller. Ohne diesen Zusatz sähe deine Liste folgendermaßen aus:

- ☐ Aufgabe 1

Nichts von dem, was du in den letzten Stunden erreicht hast, wäre sichtbar. Wärst du nicht selbst dabei gewesen, würdest du nicht vermuten, dass du bisher produktiv gearbeitet hast. Nicht besonders motivierend, oder? Erst

Goal Tracking sorgt dafür, dass deine kleinen Erfolge sichtbar werden und eine eigene Dynamik entwickeln, die dich mitreißen kann. Neben der gezeigten Listenform kannst du deine Teilziele auf alle denkbaren Arten darstellen. Eine häufig verwendete grafische Variante ist das Kuchendiagramm. Bezogen auf unser Beispiel kannst du dir das in etwa so vorstellen:

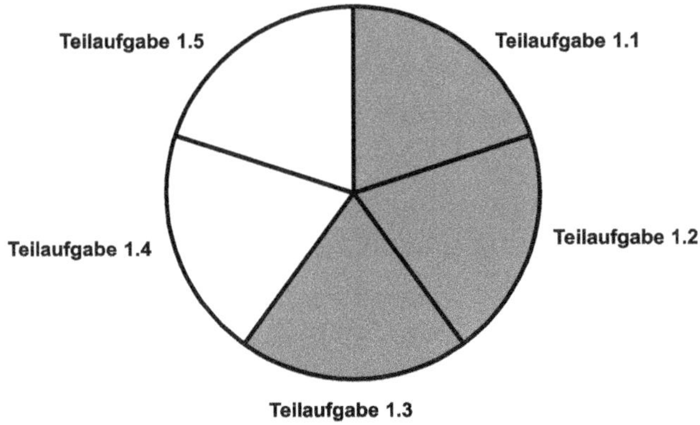

Sobald du eine Teilaufgabe erledigt hast, malst du den entsprechenden Bereich aus. Ist der Kreis komplett gefüllt, hast du die Aufgabe abgeschlossen. Für komplexe Aufgaben mit besonders vielen Teilzielen empfiehlt Autor Martin Krengel das sogenannte „Progress-o-Meter“, welches an einen Ladebalken erinnert:

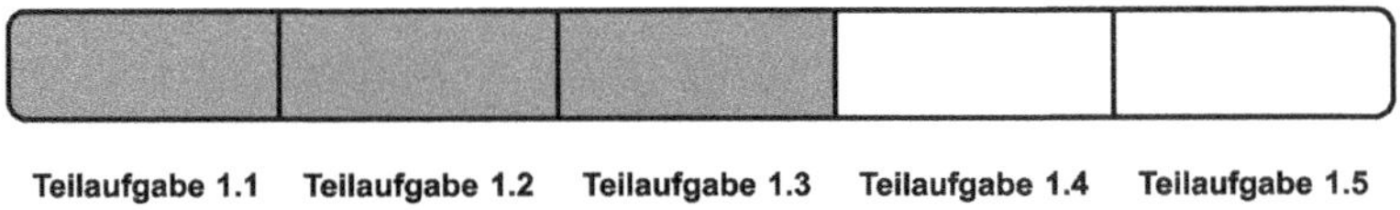

Je nach Aufgabe kannst du den Balken unbegrenzt erweitern. Sobald er die 100 Prozent erreicht hat, ist die Aufgabe erledigt und du kannst dich einem neuen Projekt aus deinem Fernstudium widmen. Und das wirst du auch, weil deine Motivationsbatterie von nun an voll aufgeladen ist und dir noch lange Energie liefert.

✿ Anleitung

Das Vorgehen beim Goal Tracking erinnert stark an die Salami-Taktik aus Kapitel 2. Auch hierbei analysierst du eine beliebige Aufgabe innerhalb deines Fernstudiums und erledigst diese scheibchenweise. Einziger Unterschied: Jetzt gehst du einen Schritt weiter und machst deine Teilerfolge sichtbar, damit du neben deiner Organisation auch deine Motivation stärkst:

Schritt 1: Wähle eine Aufgabe!

- ✔ Was möchtest du erledigen?

Schritt 2: Lege ein Ziel fest!

- ✔ Was möchtest du erreichen?

Schritt 3: Definiere die Grundbestandteile deiner Aufgabe!

- ✔ Was gehört zu deiner Aufgabe dazu?

Schritt 4: Plane alle einzelnen Schritte auf diesem Weg!

- ✔ Welche Arbeitsschritte musst du konkret erledigen?

Schritt 5: Bestimme eine Reihenfolge!

- ✔ In welcher Abfolge müssen die Schritte erledigt werden?

Schritt 6: Beginne mit der ersten Teilaufgabe!

- ✔ Konzentriere dich nur auf einen einzigen Arbeitsschritt!

Schritt 7: Halte deinen Fortschritt grafisch fest!

- ✔ Wie kannst du Listen oder visuelle Elemente einsetzen, um deinen Fortschritt sichtbar zu machen?

Falls dir das Zeichnen und Ausmalen geometrischer Formen wenig Freude bereitet, kannst du auch auf strukturierte Listen zurückgreifen. Hauptsache, du dokumentierst deinen Fortschritt.

★ **Beispiel**

Analog zur Salami-Taktik kannst du jede Aufgabe in beliebig viele Schritte aufteilen und deinen Fortschritt mittels Goal Tracking nachhalten. Sehen wir uns das beispielhaft an der Bearbeitung eines neuen Studienheftes an:

Schritte 1 und 2: Aufgabe und Ziel

- ✔ Ich werde mein Studienheft diesen Monat durcharbeiten.

Schritt 3: Grundbestandteile

- ✔ Studienheft lesen
- ✔ Zusammenfassung schreiben
- ✔ Übungsaufgaben lösen

Schritte 4 bis 7: Einzelne Schritte, Reihenfolge und Goal Tracking

- ☐ Studienheft lesen
    - ~~Kapitel 1 lesen~~
    - Kapitel 2 lesen
    - ...
- ☐ Zusammenfassung schreiben
    - ~~Kapitel 1 zusammenfassen~~
    - Kapitel 2 zusammenfassen
    - ...
- ☐ Übungsaufgaben lösen
    - Übungsaufgabe 1 lösen
    - ...

✎ **Aufgabe**

Setze Goal Tracking ein, indem du eine komplexe Aufgabe unterteilst, Zwischenziele definierst und deine Erfolge sichtbar machst!

Erfolgsspiralen

Es spricht nichts dagegen, wenn du dich in kleinen, gleichbleibenden Schritten durch dein Fernstudium arbeitest. Für viele Menschen, die in ihrem Beruf sehr ausgelastet sind und nebenbei studieren, sind kleine Lernetappen genau das Richtige. Doch manchmal brauchst du einen Hebel. Zum Beispiel dann, wenn es auf die nächste Prüfung zugeht oder eine Studienarbeit verfasst werden muss. In solchen Phasen reicht es nicht, wenn du „nur" fünf Minuten nach dem Abendessen in dein Fernstudium investierst. Du musst mehr Energie aufbringen, wenn du deine Studienziele erreichen möchtest – am besten regelmäßig. Und dazu brauchst du feste Lerngewohnheiten, deren Intensität du an deine aktuelle Lage anpassen kannst. Hierbei können dir Erfolgsspiralen helfen.

Erfolgsspiralen beschreiben eine motivierende Arbeitstechnik in Intervallen. Sie entstehen durch das kontinuierliche Erledigen von Aufgaben, die nur wenig Anstrengung erfordern und die du auf jeden Fall schaffen kannst. Dadurch springst du von Erfolg zu Erfolg. Im Laufe der Zeit steigerst du langsam den Schwierigkeitsgrad der Aufgaben, damit du dich stetig weiterentwickeln kannst. Direkt ein Beispiel dazu: Angenommen, du möchtest regelmäßiger in deinem Studienheft lesen und das Lesen zu deiner täglichen Gewohnheit machen. Eine Erfolgsspirale könnte dann so aussehen: Du liest eine Woche lang jeden Tag eine Seite in deinem Heft. Ab der zweiten Woche liest du zwei Seiten pro Tag. Ab der dritten Woche liest du drei Seiten pro Tag. Und so weiter. Du steigerst dich von Erfolg zu Erfolg und nutzt diese Aufwärtsspirale, um stetig an deinen Fähigkeiten zu arbeiten. Mit jedem kleinen Erfolg steigen dein Selbstvertrauen und deine Motivation, weiter an dem Ziel zu arbeiten.

Erfolgsspiralen sind deswegen so kraftvoll, weil dich die winzigen Teilaufgaben nicht abschrecken – mehr noch: Dadurch, dass du schon vorher weißt, dass du deine anstehende Aufgabe auf jeden Fall schaffen wirst, wird deine Motivation in die Höhe katapultiert.

Deine innere Einstellung wechselt von „Das ist aber viel, das schaffe ich eh nicht!" zu „So eine kleine Sache? Natürlich schaffe ich das – her damit!" Sobald du die Aufgabe dann wirklich geschafft hast, legst du eine Wiederholung ein, festigst die Gewohnheit und erhöhst ganz leicht die Intensität. Ähnlich wie beim Sport, nur, dass du jetzt deine Lerndisziplin trainierst und nicht deine Muckis. Das Beste ist aber: Anfangshandlung und Steigerungsrate können dabei sehr klein sein. Schauen wir uns dazu noch einmal das Beispiel mit dem Studienheft an. Vielleicht fragst du dich: Eine Seite pro Tag – was soll das schon bringen? Eine ganze Menge. Wenn du die Erfolgsspirale weiterdrehst, wird es nämlich nicht bei den wenigen Seiten bleiben. Lass uns mal rechnen:

- ✔ 1. Woche: 1 Seite pro Tag = 7 Seiten
- ✔ 2. Woche: 2 Seiten pro Tag = 14 Seiten
- ✔ 3. Woche: 3 Seiten pro Tag = 21 Seiten
- ✔ 4. Woche: 4 Seiten pro Tag = 28 Seiten

Wenn du diese Wochenergebnisse summierst, hast du nach ca. einem Monat 70 Seiten gelesen. Nach zwei Monaten bist du (bei gleicher Steigerungsrate) schon bei 252 Seiten und nach einem Jahr bei sage und schreibe 9.646 Seiten. Fast 10.000 Seiten – und dass, obwohl du mit nur einer einzigen Seite angefangen hast. Selbst, wenn du die Steigerung bei 10 Seiten pro Tag einfrierst, landest du trotzdem noch bei 3.325 Seiten pro Jahr. Bei diesem Durchsatz gehen dir schon nach kurzer Zeit die Studienhefte aus.

Mithilfe von Erfolgsspiralen kannst du große Ziele schrittweise erreichen, ohne dass du viel Motivation aufbringen musst. Du schaffst produktive Gewohnheiten, deren Umfang du mit der Zeit beliebig steigern kannst. Große Herausforderungen werden somit in kleine, machbare Einheiten aufgeteilt. Deren Erledigung integrierst du als festes Ritual in deinen Alltag und sammelst bei jeder Durchführung neuen Antrieb. Die regelmäßigen Erfolge werden dir guttun und dich Schritt für Schritt nach vorne bringen – egal, welche Herausforderung in deinem Fernstudium auf dich wartet.

✿ Anleitung

Erfolgsspiralen ändern die Art und Weise, wie du große Herausforderungen angehst. Anstatt vor einer riesigen Aufgabe zu erstarren, definierst du zuerst kleine Teilaufgaben und erledigst diese in regelmäßigen Abständen. Auf diese Weise entwickelst du motivierende Gewohnheiten und kannst dir selbst die kompliziertesten Kenntnisse und anspruchsvollsten Fähigkeiten aneignen. Der folgende Plan zeigt dir, wie du dabei vorgehen kannst:

Schritt 1: Formuliere ein Ziel!

- ✔ Welche Gewohnheiten möchtest du verbessern? Was möchtest du am Ende erreicht haben?

Schritt 2: Lege einen Rhythmus fest!

- ✔ Wie oft möchtest du die Erfolgsspirale einsetzen? Zu welchen Zeiten möchtest du an deinen Zielen arbeiten?

Schritt 3: Bestimme eine winzige Anfangshandlung!

- ✔ Mit welcher Mini-Aktion könntest du beginnen? Welche Handlung kannst du sehr leicht ausführen?

Schritt 4: Werde aktiv!

- ✔ Wie kannst du sofort aktiv werden und eine neue Erfolgsspirale starten? Was ist der erste Schritt?

Schritt 5: Steigere minimal die Intensität!

- ✔ Wie kannst du dein Pensum schrittweise erhöhen? Wie sieht die nächste Stufe deiner Erfolgsspirale aus?

Ein entscheidender Punkt bei der Anwendung von Erfolgsspiralen ist das Tracking deines Fortschritts. Dazu kannst du zum Beispiel ein Erfolgstagebuch führen oder das Konzept des Goal Trackings aus dem letzten Kapitel anwenden. Wichtig ist, dass du jeden Schritt deiner Entwicklung schriftlich festhältst.

★ Beispiel

Mithilfe von Erfolgsspiralen baust du nicht nur starke Lerngewohnheiten auf – du bringst zudem Struktur in deine Arbeitsweise und sorgst für einen transparenten Fortschritt. Dabei spielt es keine Rolle, ob du eine Aufgabensammlung durcharbeiten, das halbe Skript auswendig lernen oder eine Studienarbeit schreiben musst.

Beispiel (auswendig lernen):

- ✔ Für deine nächste Prüfung musst du ca. 100 Definitionen auswendig lernen (Ziel). Deswegen beschließt du, jeden Tag an dieser Aufgabe zu arbeiten (Rhythmus). Als Anfangshandlung legst du das Auswendiglernen einer einzigen Definition fest.
- ✔ Erfolgsspirale: In der ersten Woche lernst du jeden Tag eine Definition. Ab der zweiten Woche steigerst du die Intensität und lernst zwei Definitionen pro Tag. Ab der dritten Woche steigerst du dich ein weiteres Mal und versuchst, drei Definitionen pro Tag zu lernen. Und so weiter.

Beispiel (Studienarbeit schreiben):

- ✔ In drei Monaten musst du deine nächste Hausarbeit abgeben. Darum nimmst du dir vor, die schriftliche Ausarbeitung regelmäßig voranzutreiben (Ziel). Dazu beschließt du, jeden Tag an deiner Hausarbeit zu schreiben (Rhythmus). Als Anfangshandlung wählst du das Verfassen von mindestens einem Satz.
- ✔ Erfolgsspirale: Du schreibst am ersten Tag einen Satz deiner Hausarbeit. Am zweiten Tag steigerst du die Intensität und schreibst zwei Sätze. Am dritten Tag nimmst du dir drei Sätze vor. Und so weiter.

✎ Aufgabe

Starte eine Erfolgsspirale für ein großes Ziel aus deinem Fernstudium und führe die erste kleine Aktion der Spirale sofort aus!

Kettenregel

Die schönsten Ziele bringen dich nicht weiter, wenn du sie bereits nach kurzer Zeit aus den Augen verlierst und nicht regelmäßig an ihnen arbeitest. Dabei liegt die Betonung auf dem Wort „regelmäßig". Deine Ziele und Pläne können noch so gut sein – wenn du dich nur zwei Tage im Jahr um sie kümmerst, wird dein Erfolg überschaubar bleiben. Falls er überhaupt sichtbar wird. Wenn du hingegen jeden Tag ein paar Minuten deiner Zeit investierst und deine Pläne fokussiert verfolgst, wirst du fast wie von selbst erfolgreich. Die kleinen Wiederholungen entwickeln auf Dauer eine ungeheure Zugkraft und etablieren produktive Gewohnheiten in deinem Alltag. Eine nützliche Technik, die diesen Prozess unterstützt, ist die sogenannte Kettenregel.

Viele erfolgreiche Persönlichkeiten nutzen diese Methode, um neue Dinge zu lernen oder annähernde Perfektion auf einem Gebiet zu erreichen. So wurde der amerikanische Comedian und Multimillionär Jerry Seinfeld in einem Interview danach gefragt, wie er es geschafft habe, sich im hart umkämpften Showbusiness durchzusetzen. Er verwies auf die Kettenregel:

- ✔ „Ich schreibe jeden Tag einen Witz. Selbst dann, wenn ich nicht in Stimmung bin oder kaum Zeit habe. Ich schreibe jeden Tag. Irgendwann ist ein guter Witz dabei und mit der Zeit wird man immer besser."

Natürlich ist Seinfeld überdurchschnittlich begabt, aber er wäre nicht besonders weit gekommen, wenn er sich nur auf sein Talent verlassen hätte. Die Kettenregel ist eine gleichermaßen einfache und wirkungsvolle Methode, um die eigenen Ziele zu visualisieren und damit positive Verhaltensmuster zu verstärken.

Besorge dir dazu einen großen Wandkalender, auf dem ein Monat oder ein ganzes Jahr abgebildet ist, und hänge ihn in deinem Zimmer auf. Und zwar so, dass du ihn unmöglich übersehen kannst. Nun arbeitest du für einen kurzen Zeitraum an einer wichtigen Aufgabe und markierst diesen Tag anschließend mit einem großen X.

Das könnte in etwa so aussehen:

1	2	3	4	5	6	7
8	9	10	11	12	13	14
15	16	17	18	19	20	21
22	23	24	25	26	27	28
29	30	31				

Fahre bei jedem weiteren Tag, an dem du etwas für dein Ziel getan hast, so fort und setze eine Markierung im Kalender. Nach ein paar Tagen hast du eine Kette – und wenn du weitermachst, wird diese von Tag zu Tag länger:

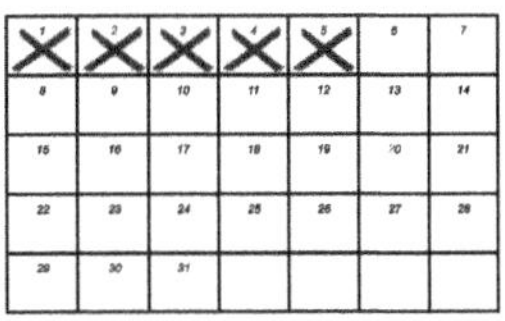

Tag 5

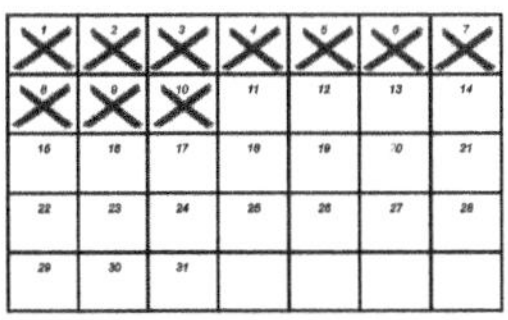

Tag 10

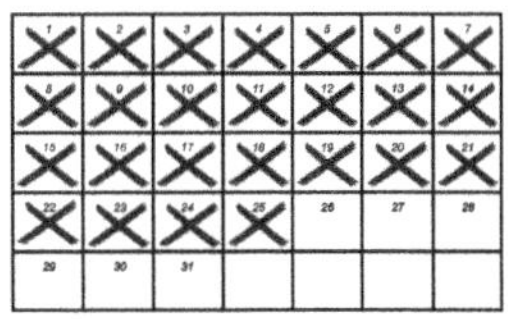

Tag 25

Deine einzige Aufgabe ist jetzt nur noch, die Kette nicht zu unterbrechen. Du musst nicht 14 Stunden am Tag wie ein Verrückter arbeiten oder andere unrealistische Dinge tun, sondern nur deine Kette fortführen. Nicht mehr und nicht weniger. Und genau dadurch erzeugst du eine ungemeine Motivation. Mithilfe dieser Methode visualisierst du deine täglichen Erfolge und baust fest verankerte Gewohnheiten auf. Alles, was du dazu brauchst, sind ein Kalender und ein wenig Entschlossenheit, um das erste Kreuz in deiner Kette zu machen. Danach musst du nur noch dranbleiben.

✿ Anleitung

Das Vorgehen bei der Kettenregel ist ähnlich angelegt, wie das Konzept der Non-Zero Days aus Kapitel 3. Der größte Unterschied besteht darin, dass du bei der Kettenregel deine Erfolge sichtbar machst und diese in Form einer Kette visualisierst. Außerdem musst du dich bei der Kettenregel nicht auf kleine Aktionen beschränken, sondern kannst mit der Zeit die Intensität erhöhen. Halte dich bei der Umsetzung an die folgenden Schritte:

Schritt 1: Lege ein Ziel fest!

- ✔ Was möchtest du erreichen?

Schritt 2: Bestimme eine Aufgabe, um dein Ziel zu erreichen!

- ✔ Welche Schritte sind nötig?

Schritt 3: Stelle deine Motivation sicher!

- ✔ Warum ist das Ziel wertvoll für dich?

Schritt 4: Wähle eine feste, tägliche Zeitspanne!

- ✔ Wie viel Zeit brauchst du mindestens?

Schritt 5: Reserviere dir jeden Tag ausreichend Zeit!

- ✔ Wann kannst du ein paar Minuten investieren?

Schritt 6: Starte eine neue Kette!

- ✔ Beginne direkt mit der Ausführung und visualisiere anschließend deinen Fortschritt!

Am besten reservierst du für die Erledigung deiner täglichen Aufgabe eine feste Uhrzeit. Damit sorgst du für mehr Verbindlichkeit und erleichterst dir die Etablierung einer neuen Gewohnheit. Zur Visualisierung kannst du entweder einen Wandkalender nutzen oder auf die Vorlagen aus dem Bonusmaterial (S. 172) zurückgreifen.

★ Beispiel

Die Kettenregel kannst du für fast alle Aufgaben und Tätigkeiten einsetzen, aus denen langfristig eine feste Gewohnheit werden soll. Zur Inspiration folgen ein paar Beispiele, damit du die Kettenregel direkt ausprobieren kannst.

Beispiel (Fernstudium allgemein):

- ✔ Jeden Tag fünf Minuten lang etwas für das Fernstudium tun

Beispiel (lesen):

- ✔ Jeden Tag zehn Minuten lesen

Beispiel (Übungsaufgaben):

- ✔ Jeden Tag eine Übungsaufgabe lösen

Beispiel (Karteikarten):

- ✔ Jeden Tag fünf Karteikarten lernen

Beispiel (schreiben):

- ✔ Jeden Tag eine halbe Seite schreiben

Beispiel (Gesundheit):

- ✔ Jeden Tag zwei Liter Wasser trinken

Beispiel (Gesundheit):

- ✔ Jeden Tag acht Stunden schlafen

✎ Aufgabe

Setze die Kettenregel ein und beginne heute noch damit, eine neue Gewohnheit in deinem Leben zu etablieren!

Zusammenfassung

In diesem Kapitel hast du gelernt, wie du langfristig in deinem Fernstudium motiviert bleiben kannst. Dazu haben wir verschiedene Anreizsysteme kennengelernt und herausgefunden, wie wichtig es ist, Erfolge zu visualisieren. Außerdem weißt du nun, wie du starke Lerngewohnheiten in deinem Alltag etablieren kannst und dafür sorgst, dass diese dauerhaft Bestand haben:

- ✔ Mit Belohnungen und Strafen kannst du dein persönliches Anreizsystem aufbauen und damit deine Motivation deutlich erhöhen.
- ✔ Bei positiven und negativen Anreizen solltest du darauf achten, dass dich die jeweiligen Konsequenzen auch wirklich motivieren und nicht kontraproduktiv sind.
- ✔ Anreizsysteme funktionieren nur, wenn sie zu deiner Persönlichkeit und zu deinen Verhaltensmustern passen.
- ✔ Beim Goal Tracking visualisierst du deinen Fortschritt bei komlexen Aufgaben, indem du große Ziele in Zwischenziele zerteilst.
- ✔ Zur Visualisierung kannst du strukturierte Listen, Kuchendiagramme oder den Ladebalken verwenden.
- ✔ Mithilfe von Erfolgsspiralen startest und etablierst du neue Lerngewohnheiten, indem du mit einer kleinen Handlung beginnst und dich dann langsam steigerst.
- ✔ Dabei steigerst du dich von Erfolg zu Erfolg und nutzt diese Aufwärtsspirale, um motiviert zu bleiben und stetig an deinen Fähigkeiten zu arbeiten.
- ✔ Die Kettenregel hilft dir dabei, neue Gewohnheiten aufzubauen, indem du jeden Tag ein kleines bisschen an einer bestimmten Aufgabe arbeitest.
- ✔ Nach einer gewissen Zeit bildet sich eine Kette von erfolgreich absolvierten Mini-Gewohnheiten; deine Aufgabe ist es dann, diese Kette nicht abreißen zu lassen.

KAPITEL 8
Trouble Shooting

Wenn es anders kommt ...

Die Motivation ist groß, die Vision täglich vor Augen, alles bestens geplant und priorisiert – dein Fernstudium kann jetzt richtig losgehen. Und dann kommt das Leben dazwischen: Das Kind bringt eine hartnäckige Erkältung mit nach Hause, im Job fallen endlose Überstunden an oder ausgerechnet während der Prüfungsvorbereitung wird die Traumimmobilie gefunden, die aber noch saniert werden muss. Solche und ähnliche Ausnahmesituationen gibt es häufig während eines Weiterbildungsprojekts. Die raffiniertesten Pläne funktionieren dann nicht mehr. Was du jetzt brauchst, sind schnelle und smarte Sofortmaßnahmen, um trotz der unvorhergesehenen Herausforderungen einen kühlen Kopf zu bewahren – und wenigstens etwas für dein Fernstudium tun zu können. Besondere Situationen erfordern besondere Maßnahmen, die wir dir nun noch mit auf den Weg geben möchten. In diesem Kapitel haben wir daher die besten Trouble-Shooting-Strategien für Fernstudierende zusammengestellt. Die folgenden Tipps werden dir im hektischen Alltag den Rücken freihalten und dafür sorgen, dass du auch mit wenig Zeit und angespannten Nerven an deinen ambitionierten Studienzielen festhalten kannst.

Situation radikal akzeptieren

Wenn es aktuell nicht nach Plan läuft, bringt es nichts, die Realität zu leugnen und so zu tun, als wäre alles in Ordnung. Deine Konzentrationsfähigkeit liegt nicht bei 100 Prozent und du wirst dich deutlich weniger um dein Fernstudium kümmern können, als du es dir vorgenommen hast. Ist das schlimm? Nein. Aber: Du solltest dir dessen bewusst sein und deine Erwartungshaltung entsprechend anpassen. Es bringt dich nicht weiter, wenn du versuchst, trotz Krankheit, Stress oder sonstiger Alltagskatastrophen dein normales Pensum abzuspulen. Ganz im Gegenteil: Es ist kontraproduktiv, wenn du deine Einschränkungen ausblendest und einfach weitermachst wie bisher. Akzeptiere deine Situation und nimm die neuen „Spielregeln" an. Arbeite mit den Rahmenbedingungen – nicht gegen sie. Lasse dich auf die Herausforderung ein, passe deine Strategie an und hadere nicht. Das ist der erste Schritt, um neue Energie zu schöpfen und deinen Fokus wiederzufinden.

Probleme klar benennen

Der häufigste Grund, warum Studierende an einem Fernstudium scheitern, sind unausgesprochene Schwierigkeiten. Diese Studierenden wollen sich eigene Probleme oder Schwächen nicht eingestehen und machen solange (falsch) weiter, bis es kein Zurück mehr gibt. Sei daher ehrlich zu dir selbst, atme tief durch und überlege, an welchen Stellen du dich verbessern kannst, um wieder mehr Zeit und Energie in dein Studium investieren zu können. Häufig reicht es schon, wenn du Zeit- und Energieräuber in deinem Leben klar herausstellst und daraus mögliche Probleme ableitest. Frage dich, welche Handlungen oder Eigenschaften von dir dazu führen, dass du in brenzlige Situationen gerätst. Wie und wann machst du dir selbst das Leben schwer? Und was könntest du stattdessen tun? Erst, wenn die Feinde deines Fernstudiums bekannt sind, kannst du etwas gegen sie unternehmen.

Not-to-do-Liste erstellen

Wenn du mehr Zeit für dein Fernstudium haben möchtest, reicht es häufig schon aus, wenn du gewisse andere Dinge, die dich ausbremsen und deiner Motivation schaden, nicht mehr tust. Doch über diese inneren Blockaden musst du dir erst einmal im Klaren sein. Und dabei hilft dir eine Not-to-do-Liste. Diese Liste hält dich davon ab, unproduktiven Quatsch zu machen. Sie schärft dein Bewusstsein für Ablenkungen und hilft dir dabei, schlechte Gewohnheiten in den Griff zu bekommen. Sobald du deine Not-to-dos aufgespürt und schriftlich formuliert hast, wird es dir viel leichter fallen, destruktive Verhaltensmuster zu durchbrechen und dich auf deine Stärken zu konzentrieren. Überfrachte deine Liste zu Beginn nicht, sondern konzentriere dich auf maximal drei schlechte Angewohnheiten, die du vermeiden möchtest. Im Wochenrhythmus kannst du deine Not-to-dos dann auswechseln und dir drei neue Baustellen vornehmen. Auf diese Weise schaffst du dir schrittweise mehr Zeit, die du in dein Fernstudium investieren kannst.

Passiv lernen nebenbei

In Kapitel 5 hatten wir es besprochen: Multitasking sollte vermieden werden und kostet am Ende oft mehr Zeit, als sich nacheinander auf die Aufgaben zu fokussieren. Dennoch gibt es einige Möglichkeiten, auch nebenbei zu lernen – erst recht, wenn wenig oder gar keine Zeit für das Fernstudium vorhanden ist. Hierfür eignet es sich besonders, verschiedene Kanäle zu nutzen und zum Beispiel Videos oder Podcasts einzusetzen. Viele Hochschulen stellen diese schon zur Verfügung, aber du kannst sie auch selbst aufnehmen (das hat sogar noch einen zusätzlichen Lerneffekt). Dafür kannst du wahlweise die kompletten Skripte, Buchkapitel oder Zusammenfassungen als Audiodatei oder Video mit deinem Smartphone aufnehmen. Spiele die Aufnahmen ab, während du dich um den Haushalt kümmerst oder im Auto sitzt. So kannst du die Inhalte passiv lernen und nebenbei etwas für deine Weiterbildung tun.

Mini-Zeiten nutzen

Auch wenn der Tag komplett verplant zu sein scheint, gibt es immer wieder kurze freie Zeitfenster oder Wartezeiten, die für dein Fernstudium genutzt werden können. Selbst, wenn es sich dabei nur um ein paar Minuten handelt, kannst du damit auf Dauer eine Menge Stoff lernen und dir somit die Prüfungsvorbereitung einfacher machen. Dafür ist es allerdings wichtig, dass du dein Lernmaterial immer dabei und griffbereit hast, zum Beispiel in Form von Karteikarten oder einer Lern-App. Ein Buch, Studienhefte oder eigene Notizen funktionieren natürlich auch – aber diese Lernmaterialien sind oft zu sperrig, um sie wirklich immer dabei zu haben. Auf diese Weise werden das Wartezimmer der Arztpraxis, die Kasse im Supermarkt oder die öffentlichen Verkehrsmittel zu Lernräumen, um schnell ein paar Begriffe oder Vokabeln zu verinnerlichen.

Unterwegs lernen

Am heimischen Schreibtisch lernt es sich besonders fokussiert, weil hier alle Materialien zur Verfügung stehen und bestenfalls auch ein ruhiger Rückzugsraum vorhanden ist. Wenn du zu Hause jedoch nur mühsam

Konzentration finden oder gelegentlich einen Tapetenwechsel gebrauchen kannst, empfiehlt es sich, auch andere Lernorte zu nutzen. So kannst du beispielsweise ein ruhiges Café oder die örtliche Bibliothek aufsuchen, um dort etwas für dein Fernstudium zu tun. Auch Autofahrten können genutzt werden, sofern du nicht selbst fährst oder nur im Hintergrund einen Podcast hörst, der dich nicht zu sehr ablenkt. Im Prinzip kannst du in deinem gesamten Alltag nach Lernmöglichkeiten suchen: Vielleicht eignet sich deine Mittagspause, um auf einer Bank im Freien oder in einem Restaurant in deine Lernunterlagen zu schauen. Möglicherweise kannst du auch direkt deinen Arbeitsplatz als Ort nutzen, um dort während deiner Pausenzeiten oder im Feierabend tätig zu werden.

Technik nutzen

Das Fernstudium ist in den letzten Jahren immer digitaler geworden, was viele Vorteile mit sich bringt, um effizienter zu lernen. Anstatt lange durch die Studienhefte zu blättern, um eine Textstelle wiederzufinden, kannst du in digitalen Materialien die Suchfunktion nutzen. Vokabeln und Definitionen lassen sich auch mit digitalen Karteikarten lernen. Auch, wenn es einen zusätzlichen Lerneffekt hat, die Karten selbst zu schreiben (bestenfalls sogar handschriftlich), kann es gerade bei Zeitmangel eine charmante Möglichkeit sein, auf fertige Kartensätze oder Zusammenfassungen zurückzugreifen. Wenn es darum geht, Interviews zu transkribieren, kannst du Software nutzen, die zumindest eine Rohversion automatisch aus den Audiodateien erstellt. Zudem gibt es mittlerweile zahlreiche Tools für Literaturverwaltung, Projekt- und Zeitmanagement sowie zur Unterstützung des Schreibprozesses. Manche Software ist sehr komplex und leistungsfähig. Mitunter kann es aber auch sinnvoll sein, ein Programm zu nutzen, dass nur die essenziellen Funktionen zur Verfügung stellt, um sehr effizient und ohne Ablenkung durch Spielereien voranzukommen. Informiere dich, welche Software-Lösungen deine Hochschule empfiehlt – vielleicht kommst du so an einen Geheimtipp.

Mit dem Umfeld sprechen

Die meisten Menschen fressen ihre Ängste, Sorgen und Belastungen in sich hinein. Sie versuchen, selbst mit ihren Problemen klarzukommen und vertrauen sich erst dann jemandem an, wenn sie kurz vor einem Gefühlsausbruch stehen. Grundsätzlich kann man dieses Verhalten gut nachvollziehen – doch sinnvoll ist es nicht. Wenn dich dein Fernstudium bedrückt und du gereizt bist, dann lasse es dein engstes Umfeld wissen. Sprich mit deinen Lieblingsmenschen über deine Gefühlslage und stelle klar, dass dein Ich-werde-dich-gleich-umbringen-Blick nichts mit ihnen persönlich zu tun hat. Zu 99 Prozent wirst du mit Verständnis und freundlichen Hilfsangeboten belohnt. Wutausbrüche oder schlechte Laune werden dir fast selbstverständlich verziehen und du brauchst dich nicht weiter zu verstellen.

Rituale einsetzen

Der Großteil deines Erfolgs im Fernstudium hängt davon ab, welche Gewohnheiten du entwickelst. Wenn du es schaffst, verschiedene Planungs- und Produktivitätstechniken regelmäßig in deinen Alltag zu integrieren, wirst du langfristig erfolgreicher und glücklicher arbeiten und studieren, als du es dir jemals vorstellen konntest. Setze daher gezielt Rituale ein und entwickle konzentrationsfördernde Gewohnheiten. So kannst du zum Beispiel jeden Abend vor dem Zubettgehen den nächsten Tag planen. Du kannst beispielsweise jeden Tag mit deiner wichtigsten Aufgabe beginnen und noch vor dem Frühstück zehn Minuten in deinem Studienheft lesen. Die Möglichkeiten sind grenzenlos. Wichtig ist nur, dass du sie umsetzt – und zwar regelmäßig.

Schreibe ein Fernstudium-Journal

Die meisten Ängste und Sorgen verlieren ihre destruktive Wirkung, wenn du sie aufschreibst – und das am besten täglich. Das klingt zunächst völlig banal, aber es funktioniert ausgezeichnet. Ein kleines Tagebuch kann dir nachhaltig dabei helfen, die zusätzliche Belastung durch dein Fernstudium besser zu verarbeiten und positive Gedankenmuster zu entwickeln. Dabei solltest du jedoch nicht wie beim klassischen Ansatz einfach nur deine

Gedanken zusammenfassen, bis du eine Ansammlung wilder Gefühle und Erlebnisse vor dir hast. Wir empfehlen einen modernen Journaling-Ansatz, der auf den beiden Grundprinzipien „Kritische Analyse des vergangenen Tages“ und „Motivation für den neuen Tag“ beruht. Auf diese Weise kannst du täglich eine positive Grundstimmung erzeugen und neuen Schwung in deinen Alltag bringen. Im ersten Schritt beschreibst du im Detail, was dich bedrückt. Danach erzeugst du Aufbruchsstimmung. Beantworte dazu einfach die folgenden Fragen schriftlich: „Wie lief der heutige Tag?“, „Was war gut?“, „Was kann ich besser machen?“, „Wofür bin ich dankbar?“ und „Was möchte ich morgen erreichen?“

Anspruch reduzieren

Sicherlich macht sich eine 1 vor dem Komma gut auf dem Abschlusszeugnis und es ist auch ein großartiges Gefühl, in einer Prüfung die volle Punktzahl zu erreichen. Aber ist das wirklich immer notwendig? Und ist es realistisch? Welche Konsequenzen resultieren aus solch hohen Ansprüchen an die eigene Leistung? Was bringt es, mit Bestnoten abzuschneiden, dafür aber alle anderen wichtigen Lebensbereiche vernachlässigt zu haben? Je nach Situation kann es erforderlich sein, eine bestimmte Note oder einen gewissen Schnitt zu erreichen, um zum Beispiel für das Aufbaustudium zugelassen zu werden oder die besten Chancen bei Bewerbungen zu haben. Häufig geht es aber vorrangig nur um den eigenen Anspruch – und dabei solltest du genau abwägen, was in der aktuellen Situation möglich ist. Je nach Studiengang lassen sich weniger gute Leistungen später wieder ausgleichen. Sobald dein Leben wieder ruhiger ist, kannst du den Fokus zu diesem Zeitpunkt auf dein Studium richten und bessere Noten erzielen.

Langsamer studieren

Ein großer Vorteil im Fernstudium ist die enorme Flexibilität, die dir in besonders stressigen Zeiten und bei Ausnahmesituationen zugutekommen kann. Sollte es in deinem Leben gerade drunter und drüber gehen, musst du nicht an einem starren Studienplan festhalten, sondern kannst das Tempo deines Fernstudiums drosseln. Auf diese Weise verschaffst du dir Luft zum Atmen und kannst deine Herausforderungen etwas entspannter meistern. Finde dazu heraus, welche Möglichkeiten dein Studienmodell dir bietet, um dein Studium deiner aktuellen Lebenssituation anzupassen. Kannst du Klausurtermine aufschieben? Oder weniger Module im Halbjahr buchen? Besteht die Option, die Frist für eine Hausarbeit verlängern zu lassen? Hier lohnt sich das Gespräch mit der Studienberatung. Oft gibt es im Rahmen der vorgegebenen Prüfungsordnung Ausnahmeregelungen, zum Beispiel bei Krankheit oder besonderen Situationen im familiären und beruflichen Umfeld. Solche Regelungen helfen dir dabei, bewusst langsamer zu studieren, bis deine Zeit- und Energiereserven wieder aufgefüllt sind.

Studium unterbrechen

Vielleicht merkst du, dass aufgrund von Ereignissen in anderen Lebensbereichen aktuell und mittelfristig weder Zeit für dein Fernstudium bleibt, noch der Kopf dafür frei ist. Und auch die hier vorgestellten Notfallmaßnahmen reichen nicht aus, um dir ausreichend Freiraum zu verschaffen. Es ist aber absehbar, dass es in einigen Monaten wieder besser aussehen wird. Dann kann es sich lohnen, über eine Unterbrechung des Studiums nachzudenken. Zunächst mag dabei der Gedanke aufkommen, dass dadurch wertvolle Zeit verloren geht und es vielleicht auch so weitergehen könnte – schließlich möchtest du möglichst bald den Abschluss in Händen halten. Tatsächlich ist es aber oft so, dass nach einer Auszeit, in der du dich auf die anderen, gerade akuten Themen konzentrieren und neue Kraft sammeln kannst, effizienter und mit neuem Schwung studiert werden kann. Es ist nicht unwahrscheinlich, dass du unterm Strich insgesamt kaum Zeit verlierst, weil du fokussierter und entschlossener handelst. Vor allem ist diese Option besser, als komplett auszubrennen und jegliche Motivation zu verlieren. Meistens ist eine kostenlose Unterbrechung des Studiums problemlos möglich. In dieser Zeit bekommst du zwar keine neuen Kursinhalte freigeschaltet, kannst aber oft auf die bereits zur Verfügung stehenden Materialien weiter zugreifen. So kannst du ganz ohne Druck dennoch ein wenig lernen, wenn sich Freiräume dafür ergeben.

Abbruch ist kein Scheitern

Ein Fernstudium ist ein Langzeitprojekt und häufig läuft es parallel zu anderen Lebensbereichen wie Familie und Beruf. In diesen Bereichen können sich während des Studiums Veränderungen ergeben, die sich auch auf die Frage auswirken, ob das Studium so noch sinnvoll ist. Vielleicht geht die berufliche Entwicklung in eine andere Richtung als geplant und das Studium passt nicht mehr dazu. Oder du stellst fest, dass die Inhalte des Studiums sich doch deutlich von dem unterscheiden, was du erwartet hast. Wenn die Zweifel nicht nachlassen, solltest du ehrlich hinterfragen, ob dein Studium noch zum geplanten Berufs- und Lebensweg passt. Das Ergebnis kann dann sein, dass dein Studium zwar gerade anstrengend ist und möglicherweise auch die Motivation zurzeit geringer ausfällt als sonst – aber grundsätzlich immer noch genau das ist, was du willst. Es kann aber auch sein, dass du zu dem Ergebnis kommst, dass ein Studium im Moment gar nicht mehr in dein Leben passt oder die Gründe weggefallen sind, aus denen du dich für das Studium entschieden hast. Dann kann es die einzig richtige Entscheidung sein, das Studium zu beenden. Sieh dies nicht als Scheitern oder Versagen. Es ist vielmehr eine Reaktion auf Entwicklungen, die vorher so nicht absehbar waren. Vielleicht ist ein Fernstudium zu einem späteren Zeitpunkt in deinem Leben noch mal eine Option für dich. Oder du entscheidest dich dafür, einen anderen Studiengang zu beginnen, der besser zu deinen neuen Zielen passt. Bereits erbrachte Leistungen lassen sich hierbei häufig (zumindest teilweise) anrechnen, sodass du nicht bei null anfangen musst. Umsonst war dein Studium auf keinen Fall: Du nimmst wertvolle Erfahrungen und neues Wissen mit – und das kann dir niemand nehmen.

Fazit

Es ist geschafft: Du weißt nun, wie ein erfolgreiches Fernstudium funktionieren kann – trotz Beruf, Partnerschaft, Familie, Freundschaften, Hobbys und sonstigen Verpflichtungen. Erinnerst du dich noch, wie du dich vor der Lektüre dieses Buch gefragt hast, wie du dein neues Weiterbildungsprojekt stemmen und endlich Zeit zum Studieren finden sollst? Jetzt hast du die Antwort. Du hast es durchgezogen und dich durch die Grundlagen des Selbstmanagements gekämpft. Du hast die wichtigsten Produktivitätstechniken kennengelernt und viele Praxisbeispiele gesehen. Du weißt jetzt, wie du deine Zeit im Alltag besser nutzen kannst und die Macht über deinen Kalender und deine To-do-Listen zurückbekommst – ohne dich dabei in Stress und Sorgen zu verlieren.

Eine Frage ist noch offen: Wirst du das Wissen aus diesem Buch nutzen, um produktiver zu studieren und mehr Zeit für die schönen Dinge im Leben zu haben? Oder wirst du das Gelesene sofort wieder vergessen und in deinen alten Trott zurückfallen? Wenn du dein Leben positiv verändern möchtest und glücklicher studieren willst, musst du aktiv werden: Du musst kontinuierlich an deiner persönlichen Organisationen arbeiten. Am besten jeden Tag. Die gute Nachricht ist: Dieses Buch gibt dir dafür alles, was du brauchst. Ab jetzt hast du es selbst in der Hand – und wir sind fest davon überzeugt, dass du es schaffen wirst.

Viel Erfolg für dein Fernstudium!

Markus & Tim

Vergiss dein Bonusmaterial nicht:
www.studienscheiss.de/fernstudium-bonus

Ende

Infos zum Buch

How to Fernstudium ist kein normales Fachbuch, vollgestopft mit langweiligen Phrasen und unverständlicher Theorie – es ist eine Sammlung praktischer Maßnahmen und Konzepte, mit denen du dein Selbstmanagement sofort und nachhaltig steigern kannst. Während deines Fernstudiums, aber auch darüber hinaus.

Vor dir liegen 28 konkrete Methoden, mit denen du deine Lebenszeit viel sinnvoller nutzen kannst als jemals zuvor. Dadurch steigerst du nicht nur deine Produktivität, sondern erhöhst zudem deine Zufriedenheit, verbesserst dein Glücksempfinden und erhältst deine Gesundheit.

Aber das ist noch nicht alles: Dieses Buch wurde von Tims Studienscheiss Verlag fair und klimaneutral produziert. Wir arbeiten mit regionalen Lektorinnen, Designern und Druckereien zusammen und lassen unsere Bücher komplett in Deutschland herstellen.

Alle an der Produktionskette beteiligten Partner werden von uns fair behandelt und bezahlt. Allesamt kleine und mittelständische Unternehmen, die mit Herzblut bei der Sache sind und mit denen wir ein gemeinsames Ziel verfolgen: wunderschöne Produkte zu erzeugen, die unsere Leserinnen und Leser glücklich machen.

Deswegen gibt es unsere gedruckten Bücher nur in hochwertigen Formaten, mit modernem Buchsatz und recyceltem Papier. Unsere Bücher entstehen unter nachhaltigen Produktionsbedingungen, schonen die Umwelt und fördern die regionale Wirtschaft. Und genau das unterstützt du, weil du dir dieses Buch zugelegt hast.

High Five dafür!

Dankeschön

Unser größter Dank gilt unseren Communitys sowie allen Leserinnen und Lesern unserer Blogs. Ohne euch und eure riesige Unterstützung gäbe es dieses Buch nicht. Vielen Dank für die unzähligen Klicks, Likes und Kommentare. Danke, dass ihr uns motiviert, kritisiert und immer wieder hinter uns steht, wenn es darauf ankommt. Für euch zu schreiben und zu arbeiten ist ein großes Geschenk. Danke, dass ihr da seid!

Zudem danken wir den Menschen, die uns dabei geholfen haben, dieses Buch fertigzustellen und zu veröffentlichen. Unser besonderer Dank gilt Hannah Dautzenberg für die umfangreichen Redaktionsarbeiten, das unzählige Gegenlesen und die stilistischen Korrekturen. Bei Diana Steinborn bedanken wir uns für das herausragende Lektorat, die klugen Anmerkungen und die finale Qualitätskontrolle. Melanie Schwarz danken wir für die wunderschöne Cover-Gestaltung und die Optimierung des Buchsatzes. Bei Sajoscha Blinn bedanken wir uns für die klugen Anmerkungen während der Konzipierungsphase dieses Buches sowie für die kritische Prüfung des finalen Manuskripts.

Vielen Dank, dass ihr uns ertragen und in jeder schwierigen Situation unterstützt habt. Auch dann, wenn wir es euch nicht leicht gemacht haben. Eure Verlässlichkeit, eure Geduld und euer Einsatz sind unglaublich wertvoll und alles andere als selbstverständlich. Das wissen wir zu schätzen – und danken euch allen von Herzen!

Markus Jung & Tim Reichel, August 2022

Literatur

Allen: Wie ich die Dinge geregelt kriege
(Piper Verlag, 3. Auflage, 2016)

Barth: Von der Kunst, einfach anzufangen
(Rheinwerk Verlag, 1. Auflage, 2018)

Beck: Das neue Lernen
(Ullstein Verlag, 2. Auflage, 2021)

Clear: Die 1%-Methode
(Goldmann Verlag, 1. Auflage, 2020)

Covey: Die 7 Wege zur Effektivität
(Gabal Verlag, 29. Auflage, 2014)

Ferriss: Die 4-Stunden-Woche
(Ullstein Verlag, 10. Auflage, 2014)

Ferriss: Tools der Titanen
(FinanzBuch Verlag, 5. Auflage, 2019)

Green: Perfekt! Der überlegene Weg zum Erfolg
(Carl Hanser Verlag, 1. Auflage, 2013)

Hinterhuber: Wettbewerbsstrategie
(de Gruyter, 2. Auflage, 1990)

Holiday: Der tägliche Stoiker
(FinanzBuch Verlag, 5. Auflage, 2019)

Höpker: Überflieger-Formel
(Studienscheiss Verlag, 1. Auflage, 2021)

Jung, Oppermann: 100 Fragen und Antworten zum Fernstudium
(Feldhaus Verlag, 2. Auflage, 2011)

Keller, Papasan: The One Thing
(Redline Verlag, 4. Auflage, 2019)

Knoblauch et al.: Zeitmanagement
(Haufe Verlag, 3. Auflage, 2015)

Krengel: Bestnote
(Eazybookz, 1. Auflage, 2012)

Krengel: Golden Rules
(Eazybookz, 4. Auflage, 2013)

Kuster et al.: Handbuch Projektmanagement
(Springer Verlag, 4. Auflage, 2019)

Newport: Konzentriert arbeiten
(Redline Verlag, 2. Auflage, 2018)

Reichel: 24/7-Zeitmanagement
(Studienscheiss Verlag, 3. Auflage, 2021)

Reichel: Arschtritt-Buch
(Studienscheiss Verlag, 2. Auflage, 2020)

Reichel: Bachelor of Time
(Studienscheiss Verlag, 2. Auflage, 2021)

Reichel: Busy is the new stupid
(FinanzBuch Verlag, 1. Auflage, 2020)

Reichel: DOEDL-Methode
(Studienscheiss Verlag, 2. Auflage, 2020)

Scherenberg, Buchwald: Stressmanagement im Fernstudium
(Springer Gabler, 1. Auflage, 2016)

Seiwert: 30 Minuten Zeitmanagement
(Gabal Verlag, 18. Auflage, 2012)

Seiwert: Wenn du es eilig hast, gehe langsam
(Campus Verlag, 17. Auflage, 2018)

Tracy: Eat that frog
(Gabal Verlag, 15. Auflage, 2019)

Tracy: Ziele
(Campus Verlag, 2. Auflage, 2018)

von Münchhausen: Konzentration
(Gabal Verlag, 3. Auflage, 2019)

Über Markus Jung

Markus Jung, Jahrgang 1973, beschäftigt sich bereits seit über 20 Jahren professionell mit dem Thema Fernstudium. Nach einer kaufmännischen Ausbildung absolvierte er ein Fernstudium zum Diplom-Informatiker (FH). Schon während dieser Zeit begann er, über seine Erfahrungen in einem Blog zu berichten und eine Informationsplattform aufzubauen. Aus diesem Projekt entwickelte sich die größte Fernstudien-Community im deutschsprachigen Raum: Fernstudium-Infos.de.

Auf seiner Plattform informieren sich Bildungsinteressierte über Weiterbildungsmöglichkeiten und tauschen sich mit Studierenden und Alumni sowie Mitarbeitenden der Anbieter aus. Markus selbst hat sich in den Bereichen Journalismus, Psychologie, Kommunikation und Bildungsrecht weitergebildet. Sein Portal wurde mit einem Fernstudienpreis ausgezeichnet.

In seinem Buch „100 Fragen und Antworten zum Fernstudium“ geht Markus zusammen mit Anne Oppermann besonders auf organisatorische Fragen rund um das Fernstudium ein. Auf seinem YouTube-Kanal veröffentlicht Markus regelmäßig Interviews mit Akteuren aus der Fernstudienbranche sowie mit Fernstudierenden. Auf diese Weise ermöglicht er authentische Einblicke in die Branche und liefert Erfahrungen aus erster Hand, die schon vielen Menschen geholfen haben.

Das ist Markus

Über Tim Reichel

Dr. Tim Reichel, Jahrgang 1988, ist Autor, Wissenschaftler und Unternehmer. Nach dem Abitur studierte er Wirtschaftsingenieurwesen an der RWTH Aachen und ist anschließend zur Promotion an der Uni geblieben. Dort betreut er industrienahe Forschungsprojekte und beschäftigt sich mit den Themen Nachhaltigkeit und Ressourceneffizienz. Seine Doktorprüfung an der Fakultät für Georessourcen und Materialtechnik schloss er im September 2018 ab.

Seit zehn Jahren arbeitet er als Fachstudienberater und Koordinator eines Prüfungsausschusses. Er coacht Studierende, berät bei Schwierigkeiten im Studium, schreibt Prüfungsordnungen und begleitet Akkreditierungsverfahren. Im Juni 2014 gründete Tim sein erstes Unternehmen: Studienscheiss. Mit dieser Plattform hilft er deutschlandweit Millionen Studierenden und Bildungsinteressierten dabei, glücklich und erfolgreich zu studieren, um in der späteren Berufswelt richtig gut zurechtzukommen.

In seinem Blog veröffentlicht Tim regelmäßig Artikel zu den Themen Zeitmanagement, Motivation und Persönlichkeitsentwicklung. Zudem ist er als Kolumnist für den Spiegel tätig und verfasst als freier Autor zahlreiche Fachartikel zu seinen Fokusthemen. Sein Buch „Busy is the new stupid" wurde im Juni 2020 vom Manager Magazin als Wirtschaftsbestseller ausgezeichnet. Neben seinen Tätigkeiten als Schriftsteller und Verleger arbeitet Tim als Vortragsredner und bietet Weiterbildungsseminare an.

Das ist Tim

Hol dir hier deine Bonusinhalte ab:

www.studienscheiss.de/fernstudium-bonus